guide de la gestion du stress

Sara Rose

Queen Street House
4 Queen Street
Bath BA1 1HE Royaume-Uni
Création : Bridgewater Book Company Ltd.

Réalisation : InTexte Édition, Toulouse
Traduction de l'anglais : Marie-Line Hillairet, avec le concours de Nicolas Blot

ISBN 1-40542-892-9

Imprimé en Chine

AVERTISSEMENT
Aucune des informations contenues dans cet ouvrage ne peut se substituer à un avis médical. Toute personne dont l'état de santé est susceptible de le nécessiter doit consulter un médecin généraliste ou spécialiste avant d'exécuter tout exercice décrit dans ce livre.

sommaire

Introduction

La bonne santé se manifeste par la sensation de bien-être. Mais, trop souvent entraînés dans un tourbillon de stress et de tensions, nous nous sentons fatigués, angoissés et malheureux. Ce livre propose des conseils pratiques pour surmonter les pressions de la vie moderne, se maintenir en forme, retrouver vitalité et tranquillité d'esprit.

Pour s'affranchir à long terme du stress et retrouver un bien-être optimal, il est nécessaire de consacrer plusieurs moments de la journée à la relaxation physique et mentale. Celle-ci se fonde sur une série de techniques faciles à maîtriser qui vous apprendront à combattre les effets du stress et à rétablir un équilibre entre le corps et l'esprit garant d'une vie saine et heureuse.

Ce chapitre présente des procédés simples et efficaces pour que la relaxation devienne partie intégrante de votre vie quotidienne. Il s'ouvre sur une description des effets nocifs qu'une tension trop importante risque de produire sur le corps et l'esprit. Il vous aidera à identifier les éléments susceptibles

De nombreuses personnes pratiquent la méditation pour trouver le calme intérieur et intensifier leur sensation de bien-être.

Rétablir le contact avec la nature est un bon moyen d'alléger les tensions infligées par la vie moderne. Un magnifique coucher de soleil régénère et stimule les sens.

d'ébranler votre bien-être puis à effectuer des changements qui vous rendront la vie plus agréable. Il s'intéresse ensuite à la relaxation physique et mentale et expose les méthodes naturelles destinées à rétablir un équilibre entre le corps et l'esprit grâce à une variété de techniques empruntées aux traditions orientales et occidentales. Enfin, il aborde les facteurs liés au mode de vie et à l'environnement.

De nombreux problèmes physiques, mentaux et affectifs peuvent être évités à ceux qui consentent à s'occuper d'eux-mêmes de façon plus attentive. Ce guide pratique fournit des conseils faciles à suivre pour retrouver calme et sérénité, pour se détendre et profiter de la vie.

Stress : le problème

Les sollicitations incessantes de la vie moderne imposent de grandes tensions au corps et à l'esprit. Le stress fait partie de la vie et n'est pas toujours néfaste (c'est une réaction normale au danger, et le stress positif fournit la stimulation nécessaire à la réussite), mais s'il s'installe dans la durée, il risque d'affecter bien-être physique, émotionnel et spirituel.

Les causes du stress

La gamme des stresseurs est extrêmement étendue – de la sonnerie du téléphone plutôt anodine à l'accident de voiture d'une réelle gravité. Les événements majeurs de la vie, tels qu'un déménagement, une naissance, un mariage, un divorce ou un décès, les facteurs environnementaux comme le bruit, les gyrophares, la foule, la pollution, et les facteurs liés à l'hygiène de vie dont la mauvaise alimentation, le manque de sommeil et d'exercice, sont tous susceptibles de contribuer à l'installation du stress. Votre tempérament, votre constitution, vos expériences passées modèrent les effets du stress, mais plus les stresseurs sont nombreux et moins vous êtes capable de les combattre efficacement.

Les phases d'adaptation

Le stress produit des effets physiques bien définis, mais il faut parfois des années avant de s'en rendre compte. Dans les années 1940, un médecin canadien d'origine autrichienne, Hans Selye, a identifié trois phases d'adaptation dans la réponse humaine au stress de longue durée.

1. L'alarme

L'exposition aux stresseurs provoque une réaction biochimique connue sous le nom de réaction de combat ou de fuite. Les hormones du stress libérées dans le sang entraînent :

- augmentation du rythme cardiaque, de la pression sanguine, des taux de glucose sanguin et de cholestérol
- accélération de la respiration et transpiration plus importante
- augmentation de la tension musculaire
- perturbation du processus digestif
- inhibition du système immunitaire et tension émotionnelle

Les sonneries du téléphone ajoutées à d'autres pollutions sonores risquent, avec le temps, de créer une accumulation de stress.

2. La résistance

Si la cause du stress est éliminée ou traitée, l'organisme recommence à fonctionner normalement ; si elle persiste, l'organisme fait face en s'adaptant. Même si vous pensez que tout est redevenu normal, votre organisme épuise ses réserves d'énergie et, progressivement, ce phénomène affecte votre capacité à fonctionner efficacement : vous devenez fatigué, irritable, léthargique.

3. L'épuisement

Le stress de longue durée modifie l'équilibre hormonal dans l'organisme et conduit à l'épuisement. Un système immunitaire inhibé, un métabolisme et une régénération cellulaire ralentis entraînent un vieillissement rapide, une prise de poids, et augmentent le risque de maladie dégénérative. Votre organisme est affaibli, vous souffrez d'affections bénignes récurrentes et vous êtes psychologiquement « vidé ». Vous risquez de tomber gravement malade ou d'être victime de dépression.

Cependant, même si le stress est responsable de nombreux dysfonctionnements, il n'est pas considéré comme une maladie. Le stress est créé par des réactions normales à des situations difficiles et par un style de vie malsain. C'est une habitude dont vous pouvez vous débarrasser si vous êtes prêt à examiner votre vie avec attention et à en prendre le contrôle.

Le corps est un système énergétique qui doit être équilibré pour fonctionner normalement. Tout exercice cardiovasculaire régulier – même la marche – contribue à maintenir le corps en forme.

Un corps équilibré

Les fonctions biochimiques, structurelles et psychologiques de votre organisme sont subtilement équilibrées pour vous procurer une bonne santé mentale et physique ; un bouleversement dans une partie du corps risque de créer des problèmes ailleurs. Une santé optimale nécessite que vous soyez à l'écoute de toutes les parties de ce tout. Un corps sain, un esprit clair et actif ainsi qu'une attitude positive vous permettront de maintenir cet équilibre.

Une stratégie de relaxation

La clé d'une bonne relaxation est de savoir reconnaître le moment où vous êtes soumis à une trop grande pression et de décider de vous consacrer du temps. Le développement de cette capacité à se relaxer « sur mesure » pendant ces périodes critiques et la mise en œuvre des stratégies à long terme de gestion du stress vous permettront d'être plus reposé et mieux apte à contrôler votre vie.

Les bienfaits de la relaxation

La relaxation contrecarre de nombreux effets du stress. Elle fait baisser le taux d'adrénaline et donc la pression exercée sur le système cardiovasculaire et sur la tension artérielle. Le rythme respiratoire se ralentit, les muscles se détendent et le processus de digestion s'améliore. Le système immunitaire devient plus actif et protège l'organisme de la maladie.

L'insomnie couplée à une fatigue constante est le signe d'un système immunitaire sous tension ; il est temps d'apporter des changements dans votre vie.

Reconnaître le stress

Les symptômes du stress se manifestent généralement de manière comportementale, émotionnelle et physique. S'il vous arrive régulièrement de constater plus de cinq des symptômes suivants, il faut prendre la résolution d'agir.

Comportemental :

- fumer ou boire de façon excessive
- baisse d'appétit ou boulimie
- éviter les autres et être incapable d'apprécier leur compagnie

Émotionnel :
- irritabilité, colère et promptitude à s'emporter
- sans raison apparente
- difficulté à prendre des décisions et à se concentrer, perte de mémoire
- sentiment d'être submergé et incapacité de faire face
- dépression
- tendance à pleurer pour rien
- absence de sens de l'humour

Le mal au dos et le mal à la nuque sont deux manifestations courantes du stress.

Physique :

- fatigue permanente
- insomnie
- maladresse
- douleurs musculaires et maux divers (tête, dos, etc.)
- affections cutanées
- hypertension
- palpitations et crises d'angoisse
- problèmes respiratoires dont asthme, respiration saccadée et hyperventilation
- indigestion, brûlures d'estomac, ulcères, diarrhées nerveuses ou constipation

Il n'est pas toujours possible d'éviter le stress mais le fait de l'identifier constitue une première étape dans le processus de guérison. Dans certains cas, vous pouvez prendre des décisions concrètes afin de mener une vie plus calme – par exemple, si vous trouvez les courses stressantes, pourquoi ne pas vous faire livrer à domicile ?

Relaxation

Apprenez à vous relaxer pendant les moments de grand stress. Imaginez une activité calme : se dorer au soleil, par exemple, ou prendre un bain chaud. Lorsque vous êtes sous pression, pensez à une activité relaxante ; votre esprit s'associera à la sensation de paix qui en émane et vous vous sentirez très vite détendu.

Tenez un carnet de bord

Même si vous reconnaissez les symptômes du stress, il est parfois difficile d'en déterminer les causes. En consignant par écrit ce qui se produit, vous serez plus apte à identifier les différents types de stress qui surviennent dans votre vie.

1

Divisez chaque page de votre carnet en plusieurs parties correspondant soit aux heures, soit aux moments de la journée.

2

Notez vos activités de la journée et comment vous vous sentez à ces moments précis.

3

Notez chaque symptôme de stress lorsqu'il se présente et, si possible, ce qui l'a précédé.

4

À la fin de la semaine, comptabilisez les moments où vous avez été stressé et ceux où vous avez été détendu.

	Lundi	Mardi	Mercredi	Jeudi	Vendredi	Samedi	Dimanche
Petit déjeuner							
Matinée							
Déjeuner							
Après-midi							
Soirée							

CHAPITRE 1 : RELAXER LE CORPS

Techniques de relaxation

Pour gérer efficacement le stress, il est indispensable de savoir contrôler sa respiration et se détendre. Des exercices de respiration et des techniques de relaxation musculaire simples suffisent pour diminuer les effets mentaux et physiques du stress et accroître le bien-être. Les thérapies impliquant le toucher et le mouvement profitent à l'esprit et au corps en augmentant leur dynamisme et en engendrant une profonde décontraction.

Pour atteindre un niveau optimal de relaxation physique, différentes techniques originaires du monde entier s'offrent à vous. Il n'est pas nécessaire de toutes les utiliser dans vos pratiques quotidiennes mais il est conseillé d'en essayer le plus possible, de façon à retenir celles qui vous conviennent le mieux. Certaines nécessitent la coopération d'un partenaire mais vous pouvez également tirer parti des massages et de la réflexologie, même en les pratiquant seul.

Lorsque vous avez sélectionné un éventail d'exercices adaptés, il est indispensable de les exécuter régulièrement. Pour un bénéfice maximal, ils doivent être partie prenante de votre vie. Le petit moment passé à décontracter vos muscles et à contrôler votre respiration chaque matin ou chaque soir aura une influence bénéfique sur le reste de votre journée. Certaines personnes préfèrent s'adonner à la relaxation le soir pour être plus détendues avant d'aller dormir. S'il en est ainsi, veillez cependant à ne pratiquer aucun exercice physique immédiatement après le dîner ou pendant les heures qui précèdent le coucher.

Un espace pour se détendre

Comme pour tout autre exercice physique, l'environnement et la tenue vestimentaire sont aussi importants que la régularité. Si possible, installez-vous dans une pièce calme, à l'écart de toute distraction – il est beaucoup plus

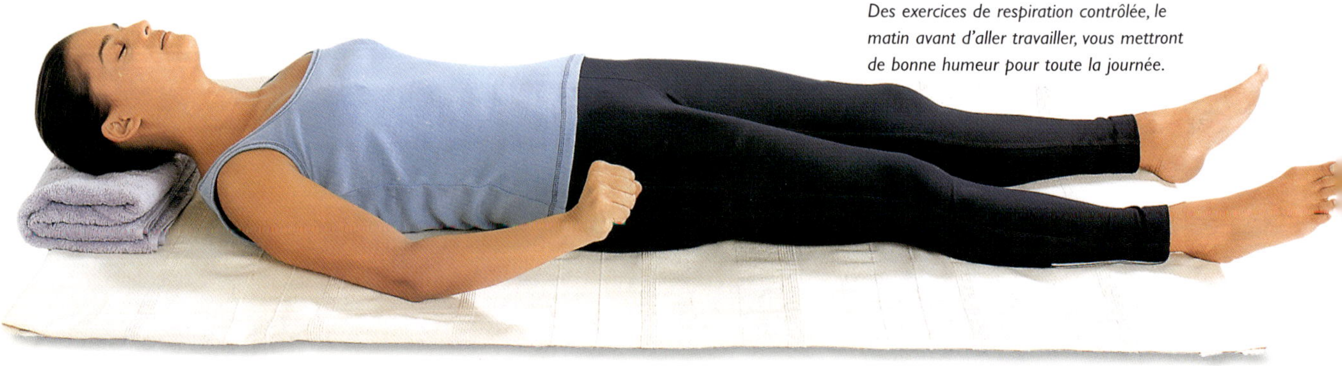

Des exercices de respiration contrôlée, le matin avant d'aller travailler, vous mettront de bonne humeur pour toute la journée.

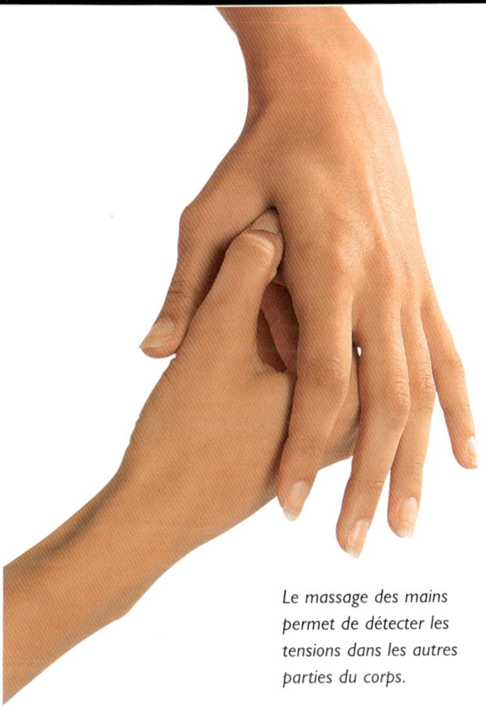

Le massage des mains permet de détecter les tensions dans les autres parties du corps.

difficile de se relaxer si la télévision est allumée dans un coin de la pièce. Portez des vêtements amples qui vous permettront de respirer et de bouger librement.

Même si vous trouvez qu'une pratique régulière améliore votre capacité à gérer le stress dans votre vie quotidienne, vous serez inévitablement confronté à des crises impromptues, au travail ou à la maison. Dans de tels moments, vous aurez peut-être envie de faire quelques minutes de pause pour respirer ou vous masser ; vous retrouverez ainsi la sérénité d'esprit nécessaire pour résoudre votre problème de façon satisfaisante et éviter qu'il ne vous envahisse. Quelle que soit la formule choisie, elle doit être bénéfique à votre santé, vous procurer une sensation de bien-être et vous permettre de relever les défis de la vie avec plus de facilité et moins de stress.

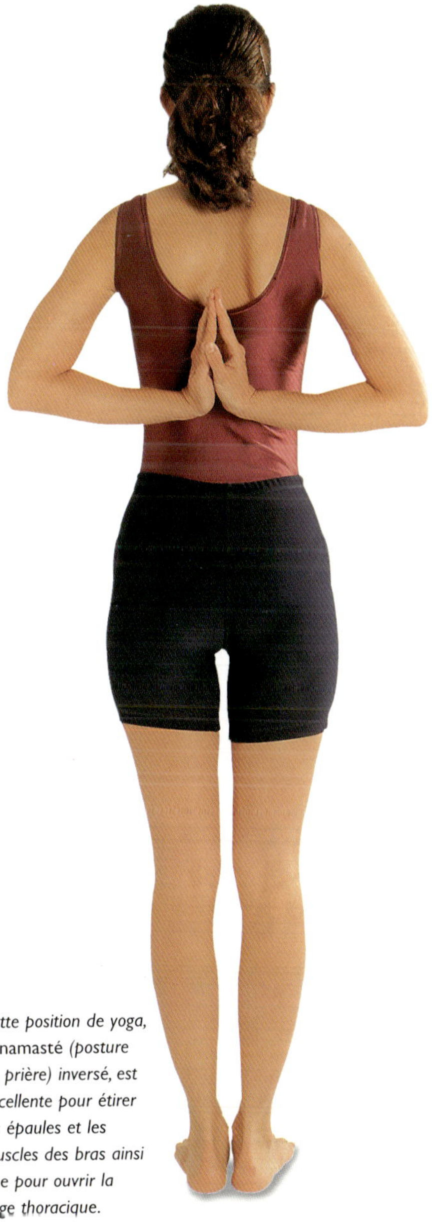

Cette position de yoga, le namasté (posture de prière) inversé, est excellente pour étirer les épaules et les muscles des bras ainsi que pour ouvrir la cage thoracique.

La respiration

Une respiration correcte joue un rôle essentiel dans l'apaisement du corps et de l'esprit. Votre manière de respirer témoigne de votre santé et de votre bien-être. Lorsque vous êtes inquiet ou angoissé, votre respiration devient superficielle et rapide, alors que si vous êtes à l'aise, elle est lente et profonde.

La respiration est essentielle à la vie. Quand vous respirez, l'oxygène passe dans le sang et stimule la production d'énergie indispensable à l'organisme. Respirer est une activité automatique et involontaire qui peut toutefois être contrôlée consciemment. En période de stress aigu, prendre une minute de pause pour contrôler votre respiration aura pour effet de vous calmer instantanément.

Une respiration correcte, efficace, doit provenir de la zone la plus profonde du poumon.

Les conséquences d'une mauvaise respiration

Lorsque le niveau de stress augmente, la respiration ne sollicite qu'un tiers des poumons. Le taux de dioxyde de carbone qui sert à maintenir l'acidité sanguine chute et les toxines nocives ne sont pas exhalées. Cela produit un effet néfaste sur les nerfs et les muscles, et risque d'entraîner un état de fatigue générale, des palpitations et des crises d'angoisse. En apprenant à respirer correctement, vous amoindrirez ces effets et, de plus, ralentirez votre rythme cardiaque, diminuerez votre tension artérielle et votre taux d'hormones de stress. Vous voyez ainsi qu'il y a de nombreux avantages à respirer correctement.

Respiration et bonne santé

Une respiration profonde et un pouls lent sont les signes reconnus d'une bonne santé – plus la respiration est profonde, plus les tissus corporels sont oxygénés et plus le cœur est robuste, moins il a besoin de battre.

Comment respirer

Pour améliorer votre respiration, vous devez d'abord prendre conscience de celle-ci. Si vous la trouvez trop rapide ou trop superficielle, l'exercice suivant, appelé respiration abdominale, vous aidera à respirer plus naturellement. Elle utilise le diaphragme (muscle large et mince qui forme le haut de l'abdomen) pour permettre aux poumons de se dilater et de se contracter avec un minimum d'effort.

1

Asseyez-vous dans une position confortable, les yeux ouverts ou fermés. Posez une main sur la poitrine et l'autre sur le diaphragme, juste au-dessous du sternum. Inspirez lentement par le nez et essayez de respirer en faisant bouger le moins possible la main qui se trouve sur votre poitrine.

2

Retenez votre souffle quelques secondes puis expirez lentement par le nez. Exhalez le plus d'air possible.

3

Répétez l'exercice pendant quelques minutes jusqu'à ce que vous vous sentiez apaisé.

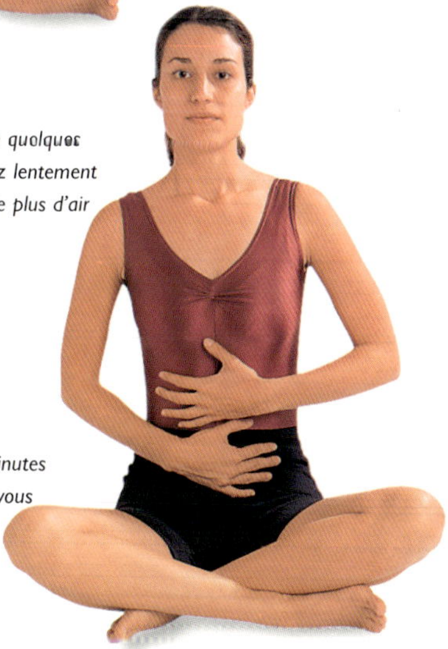

Respiration nasale alternée

Mouchez-vous pour dégager les voies nasales. Placez votre index et votre majeur sur le front, et le pouce et l'annulaire sur chacune des narines. Fermez la narine droite et inspirez par la narine gauche. Fermez la narine gauche, relâchez et expirez par la narine droite. Continuez à inspirer et à expirer en alternant les narines. Cet exercice vous permet de prendre conscience de chaque respiration. Cessez l'exercice si vous êtes pris de vertiges.

La respiration nasale alternée permet souvent de retrouver un équilibre mental.

La force vitale

De nombreuses philosophies orientales pensent que l'air, outre l'oxygène, renferme de l'énergie vitale (appelée *prana* en Inde, *ch'i* en Chine et *ki* au Japon). En pratiquant des exercices de respiration conscients, vous pouvez stocker cette énergie et revitaliser votre corps comme votre esprit.

Réduire la tension musculaire

Lorsque le corps et l'esprit sont sous pression, les muscles se contractent, réduisant l'irrigation sanguine de l'organisme, provoquant des douleurs, de la fatigue et des tensions. Des muscles trop contractés risquent d'affecter la posture, le mouvement et le fonctionnement de l'organisme. Il convient donc de localiser la tension puis de l'éliminer.

Relaxation musculaire progressive

Cette technique de relaxation qui contracte et relâche les principaux groupes musculaires vous permettra de diminuer ou d'éliminer la tension. Choisissez un moment de la journée où vous ne risquez pas d'être dérangé.

1

Retirez vos chaussures et veillez à porter des vêtements amples. Étendez-vous sur un tapis de gymnastique posé à même le sol ou sur un lit ferme, un oreiller sous la tête. Fermez les yeux et respirez lentement, en insistant sur l'expiration.

2

Contractez les muscles de votre pied droit, tenez quelques secondes puis relâchez. Contractez et relâchez les muscles du mollet puis de la cuisse. Répétez l'exercice avec le pied et la jambe gauches.

3

Contractez et relâchez les muscles de votre main et de votre bras droits, puis gauche.

4

Contractez et relâchez les muscles de chaque fesse puis du ventre.

5

Levez les épaules jusqu'aux oreilles, tenez la position quelques secondes puis relâchez. Répétez l'exercice trois fois. Balancez doucement votre tête d'un côté puis de l'autre.

6

Bâillez, puis faites la moue. Froncez les sourcils, plissez le nez et relâchez. Levez les sourcils puis relâchez les muscles du visage.

7

Concentrez-vous à nouveau sur la respiration. Remuez les doigts et les orteils, pliez les genoux, roulez doucement sur le côté puis relevez-vous lentement.

La technique Alexander

Cette méthode de prise de conscience de soi vise à améliorer l'équilibre, la posture et la coordination pour que le corps subisse un minimum de tensions, permettant ainsi aux systèmes corporels de fonctionner avec plus d'efficacité.

La technique se décompose en trois étapes : élimination des tensions indésirables, acquisition de nouveaux modes de déplacement, de nouvelles postures assises ou debout, apprentissage de nouvelles manières de réagir physiquement et mentalement à des situations variées. Ces techniques doivent être enseignées par un professeur qualifié et pratiquées à un rythme régulier.

Les bienfaits de l'hydrothérapie

Les caissons de flottaison sont des caissons d'eau chaude insonorisés dans laquelle on a fait dissoudre des sels minéraux pour que le corps y flotte sans effort. C'est une manière d'isoler l'esprit et le corps des stimuli extérieurs et d'accéder ainsi à un état de relaxation profonde. Durant la flottaison, le corps et l'esprit se détendent complètement ; le cerveau libère des endorphines, analgésiques naturels de l'organisme. L'eau chaude dilate les vaisseaux sanguins et réduit la tension artérielle. Pour décontracter des muscles trop tendus, une thérapie simple à mettre en œuvre chez soi consiste à prendre un bain chaud.

Le massage

L'usage du toucher permet de se relaxer ; le massage est le moyen le plus simple et le plus fiable d'éliminer le stress et de détendre des muscles douloureux. Cette thérapie calmante supprime les tensions et diminue l'anxiété. Il existe divers types de massages dont beaucoup ont été inclus dans des thérapies complémentaires.

Les effets physiques du massage

Les massages doux stimulent les terminaisons nerveuses sensorielles de la peau qui transmettent des messages au cerveau par l'intermédiaire du système nerveux.

Le cerveau réagit en libérant des endorphines (analgésiques naturels de l'organisme, qui procurent une sensation de bien-être).

Les massages génèrent un état de relaxation en influant sur les systèmes corporels qui régissent la tension artérielle, le rythme cardiaque, la digestion et la respiration.

Les massages provoquent une baisse du taux d'hormones de stress dans le flux sanguin.

Massage du cou et des épaules

Les muscles des épaules et du cou sont souvent tendus et douloureux. Lorsqu'on est fatigué, la posture tend à s'avachir, ce qui crée une tension dans le cou et les épaules. Il est extrêmement relaxant de se faire masser par une autre personne mais il est également possible de le faire soi-même.

Se faire masser

Veillez à ce que la pièce soit chaude et d'atmosphère agréable, puis déshabillez-vous et allongez-vous. Votre partenaire devra, au préalable, se réchauffer les mains puis laisser tomber quelques gouttes d'huile sur ses paumes et malaxer pendant quelques minutes la peau autour de vos omoplates ; puis il peut poser ses mains entre le haut de vos omoplates et, avec ses pouces, masser légèrement la zone qui longe la colonne vertébrale (sans toutefois appuyer sur la partie osseuse) et les omoplates. Il terminera en pressant les muscles des épaules pour éliminer les tensions profondes.

L'auto-massage

Haussez les épaules et tirez-les en arrière le plus loin possible. Tenez la position cinq secondes puis relâchez. Répétez l'exercice cinq fois. Posez la main sur le haut de votre bras et palpez fermement la chair en vous déplaçant lentement vers le cou. Répétez ce mouvement trois fois. Pressez les doigts sur votre nuque et bougez le bout de vos doigts en effectuant un mouvement circulaire vers la base du crâne.

Traitement rapide des névralgies

Massez-vous doucement le front du bout des doigts en allant du centre vers les tempes. Placez ensuite la paume de votre main sur votre front, les doigts à l'horizontale, et déplacez-la lentement vers la naissance des cheveux. Répétez ces gestes avec l'autre main et continuez jusqu'à ce que la tension diminue.

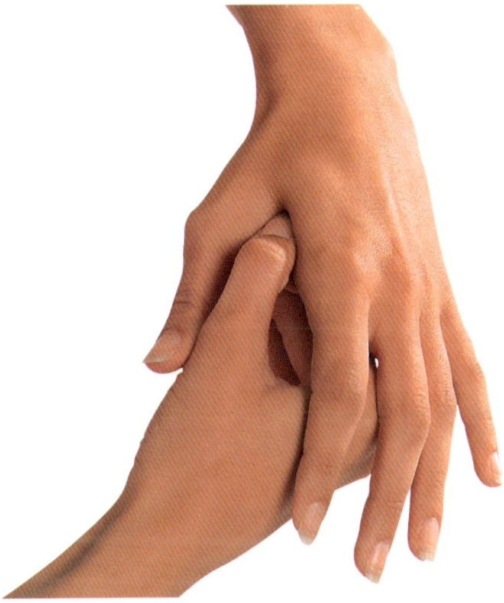

Un massage régulier de la main permet de soulager les douleurs articulaires ainsi que l'arthrite.

Massage des mains

Massez la palmure entre le pouce et l'index avec l'autre main, en appuyant le plus près possible du point où les deux os se rejoignent. Poursuivez pendant une minute puis passez à l'autre main. Cette technique est employée en acupression (ou acupressure), une ancienne forme de massage et de thérapie chinoise.

Mise en garde

Ne massez pas les boursouflures, les fractures, les bleus ou une zone de peau infectée. Il est déconseillé de masser le ventre, les jambes et les pieds pendant les trois premiers mois de la grossesse. Si vous souffrez de veines variqueuses, de mal de dos ou de thrombose, consultez un médecin avant d'entamer un traitement à base de massages.

Restaurer l'énergie vitale

Chaque jour, nous accumulons une certaine quantité de stress qui reste stockée dans notre esprit sous forme d'anxiété, et dans notre corps sous forme de tension. De nombreuses philosophies affirment que la tension bloque le flux d'énergie vitale et empêche la régénération. Les thérapies qui libèrent cette tension ont été conçues pour rééquilibrer l'organisme.

Le yoga

Le yoga se pratique en Inde depuis des milliers d'années ; c'est une discipline aujourd'hui très répandue dans le monde entier. Il existe maintes formes de yoga, mais la plus commune en Occident est le hatha yoga, qui signifie harmonie du corps et de l'esprit. Il se fonde sur des postures corporelles (*asanas*) et des techniques respiratoires (*pranayama*) permettant de préparer le corps pour que l'esprit puisse méditer sans entraves.

Une respiration correcte est la clé du hatha yoga ; s'il est bien pratiqué, les mouvements sont coordonnés à la respiration. Chaque asana vise à étirer et tonifier le corps et se tient généralement entre 20 secondes et deux minutes.

N'importe qui peut pratiquer le yoga, quel que soit son âge ou sa forme physique, mais il est conseillé de suivre des cours dispensés par un professeur qualifié. Une pratique régulière, quotidienne, augmente l'énergie et l'endurance, tonifie les muscles, facilite la digestion et la concentration, permet de se relaxer et de gérer le stress de la vie quotidienne.

Natarajasana *(la posture du danseur) tonifie les muscles des jambes, des pieds et de la région lombaire, tout en améliorant l'équilibre.*

Mise en garde

Si vous souffrez de douleurs dorsales, d'hypertension ou d'une affection cardiovasculaire, ou si vous êtes enceinte, consultez votre médecin avant d'entreprendre une nouvelle forme d'exercices. Dans la pratique du yoga, certaines postures (sur la tête, notamment) doivent être évitées pendant la grossesse ou les règles ; d'autres sont déconseillées aux personnes qui suivent un traitement médical – consultez votre professeur de yoga au préalable.

Le tai-chi chuan, gymnastique chinoise de tradition millénaire, tonifie et renforce les muscles, augmente l'efficacité des organes internes, améliore la posture et stimule la circulation sanguine.

Le tai-chi chuan

Cet art martial chinois ancien se base sur des séquences de mouvements lents et gracieux associés à des techniques respiratoires.
Les exercices de tai-chi chuan permettent de restaurer l'équilibre du *ch'i*, de se relaxer, d'être en meilleure santé et de faire le plein d'énergie.

Le flux du ch'i

La philosophie chinoise ancienne enseigne le concept du yin et du yang, forces opposées mais complémentaires qu'il est essentiel d'équilibrer pour accéder au bien-être.
L'interaction du yin et du yang donne naissance au *ch'i* ou *ki*, « force vitale » invisible qui s'écoule autour du corps.
La libre circulation du *ch'i* est indispensable à la bonne santé ; la maladie serait due à un blocage du *ch'i*.

La réflexologie

Le massage des pieds et des mains est utilisé depuis longtemps pour se relaxer et se maintenir en forme. Les mains et les pieds sont considérés comme des miroirs du corps. La réflexologie consiste à exercer une pression sur des points spécifiques de la surface de la peau reliés à une partie du corps par des canaux d'énergie. Les réflexologues prétendent que des dépôts granuleux se forment autour de ces points réflexes et bloquent le flux d'énergie ; la réflexologie a pour objet de décomposer ces dépôts et de rétablir une bonne circulation sanguine afin d'éliminer les toxines.

La réflexologie est une discipline profondément relaxante, généralement pratiquée sur les pieds par un réflexologue confirmé ; mais vous pouvez facilement vous masser les mains à n'importe quel moment pour vous soulager d'un stress.

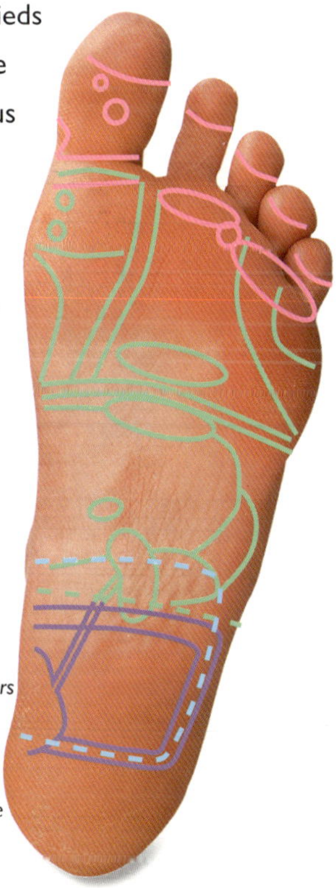

Lorsqu'une partie de votre corps est atteinte de douleurs ou d'une maladie, un bon réflexologue peut utiliser des planches détaillées du pied pour découvrir la zone nécessitant d'être traitée.

CHAPITRE 2 : RELAXER LE CORPS ET L'ESPRIT

Les thérapies cognitives

Les pensées, l'humeur, les émotions et les convictions exercent une grande influence sur la santé, les processus de guérison et le système immunitaire. Pour être réellement en bonne santé, il convient de s'occuper de son esprit comme de son corps. Il existe plusieurs types de thérapies cognitives destinées à relaxer l'esprit et à inverser la réponse au stress. Dans une certaine mesure, votre manière de réagir à un événement stressant est déterminée par votre personnalité, mais il est possible d'apprendre certaines techniques pour améliorer l'image que vous avez de vous-même et mieux affronter les nombreux défis et difficultés de la vie.

Les techniques décrites dans cette partie, comme la méditation et la visualisation, vous offrent des moyens de relaxer votre esprit afin de contrôler vos réactions face au stress et de modifier l'idée que vous avez de vous-même et des obstacles auxquels vous êtes confronté.

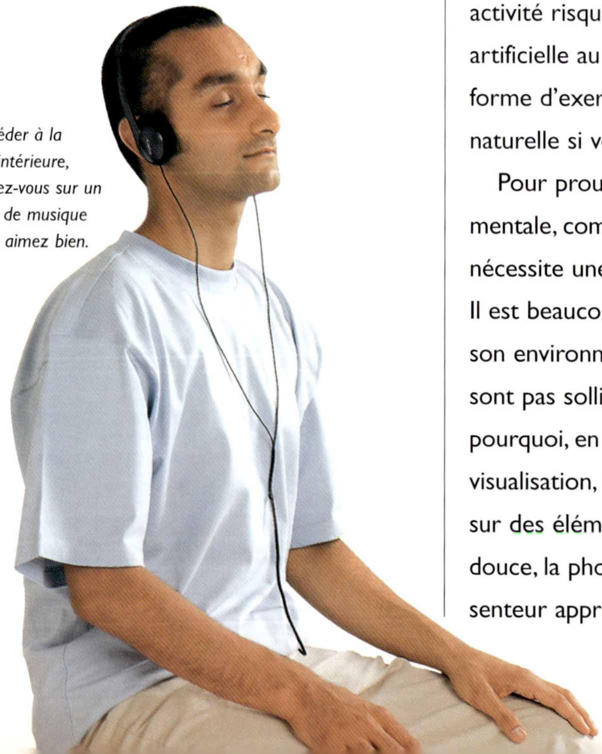

Pour accéder à la sérénité intérieure, concentrez-vous sur un morceau de musique que vous aimez bien.

Apprenez à connaître votre esprit

La relaxation mentale est le complément naturel de la relaxation corporelle, et il est indispensable de maîtriser les deux pour gérer votre stress. Si vous n'êtes pas habitué à méditer ou à contrôler vos pensées, cette activité risque de vous paraître un peu artificielle au début, mais comme pour toute forme d'exercice, elle vous semblera totalement naturelle si vous la pratiquez régulièrement.

Pour prouver son efficacité, la relaxation mentale, comme la relaxation physique, nécessite une ambiance calme et agréable. Il est beaucoup plus facile de couper l'esprit de son environnement immédiat si les sens ne sont pas sollicités en permanence. C'est pourquoi, en méditation comme en visualisation, l'on préfère souvent se concentrer sur des éléments d'apaisement : une musique douce, la photo d'un beau paysage ou une senteur appréciée. Nul besoin que ceux-ci soit présents physiquement car le seul souvenir des sensations qu'ils procurent vous permettra de vous détendre et de contrôler votre esprit.

À mesure que apprendrez à mieux maîtriser les réactions de votre esprit, vous réussirez sans doute à vous relaxer malgré les sujets de distraction qui vous entourent. Cette faculté se révèle particulièrement précieuse pour venir à bout des situations stressantes.

Outre le besoin de détendre votre esprit et de contrôler ses réactions face au stress, il est également nécessaire de changer votre manière de vous voir et d'envisager la vie. Peu de personnes prennent conscience que le seul fait de penser à ce qu'elles n'ont pas accompli, aux objectifs irréalisables qu'elles se sont fixés et même aux événements négatifs qui ne se sont pas encore produits exerce une influence désastreuse sur leur vie. Pour éviter de susciter un stress inutile, le mieux est de penser à ce que vous avez déjà fait et de vous donner des objectifs réalistes.

Toutefois, la relaxation mentale ne se fonde pas uniquement sur des facteurs internes ; les relations avec les autres peuvent apporter bonheur et tranquillité dans votre vie quotidienne et se révéler un soutien utile en cas de coup dur. Pour accéder au calme intérieur, il est essentiel de développer et renforcer les relations avec votre famille et vos amis.

Visualiser un lieu que l'on aime particulièrement aide à penser de façon positive dans les moments pénibles.

La méditation

La méditation est un moyen efficace de préparer l'esprit à la relaxation, au calme et à la sérénité. Elle vous permettra d'avoir de nouvelles perspectives et de prendre du recul par rapport à vos problèmes. La méditation sert souvent à avoir une meilleure conscience de soi, mais aussi à soulager le stress et favoriser la relaxation.

Qu'est-ce que la méditation ?

Il existe divers types de méditation ayant pour même objectif d'apaiser l'esprit, c'est-à-dire de canaliser votre concentration afin de le tranquilliser, de l'empêcher de vagabonder au risque de se stresser. Quand l'esprit est calme et concentré sur le présent, il ne réagit pas aux souvenirs et ne se préoccupe pas de l'avenir, les deux principales sources de stress chronique. Les techniques de méditation se divisent en deux groupes fondamentaux :

La méditation est une manière simple et efficace de gérer le stress.

1. La méditation concentrée

Elle demande de fixer son attention sur quelque chose de spécifique, comme la respiration, une image ou une formule, de façon à pacifier l'esprit et favoriser l'émergence d'une meilleure prise de conscience.

2. La méditation attentive

Également appelée vipassana ou « conscience créative », elle s'apparente à un état d'esprit où vous êtes conscient, quoique détaché, de tout ce qui se passe. Votre attention perçoit les sensations, les sentiments, les images, les pensées et les sons sans y réfléchir ; vous observez sans porter de jugement et vous contentez de vivre ce qui se passe « ici et maintenant » pour rendre votre esprit plus calme, plus clair et non réactif. Par analogie avec un appareil photo, c'est comme utiliser un grand angle – vous voyez plus de choses et votre champ d'expérience s'élargit.

La méditation et le cerveau

Le cerveau est l'ordinateur du corps, le centre de la pensée, des sentiments et des expériences sensorielles, c'est aussi le coordinateur de toutes nos fonctions corporelles. Le cerveau envoie – et reçoit – des messages, via la moelle épinière, à toutes les parties du corps. Les cellules du cerveau communiquent entre elles en produisant de brèves impulsions électriques. La méditation affecte l'activité électrique du cerveau en stimulant la production d'ondes alpha à haute intensité – les ondes associées à la relaxation profonde et la vivacité mentale. En retour, celles-ci nous aident à éliminer nos réactions stressées habituelles aux dangers et aux difficultés.

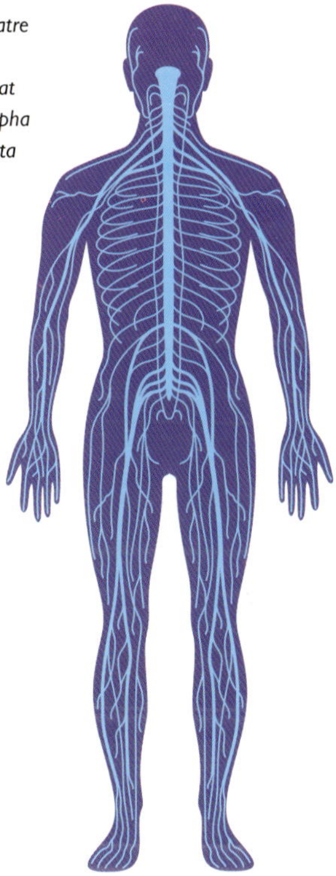

Le cerveau produit quatre types d'ondes, chacun correspondant à un état physique : les ondes alpha (détente complète), bêta (éveil), delta (sommeil profond) et thêta (sommeil léger).

À l'état alpha, la partie du système nerveux qui gouverne les fonctions corporelles automatiques – respiration, transpiration, salivation, digestion et rythme cardiaque – prédomine et inverse la réaction combat/fuite au danger et au stress.

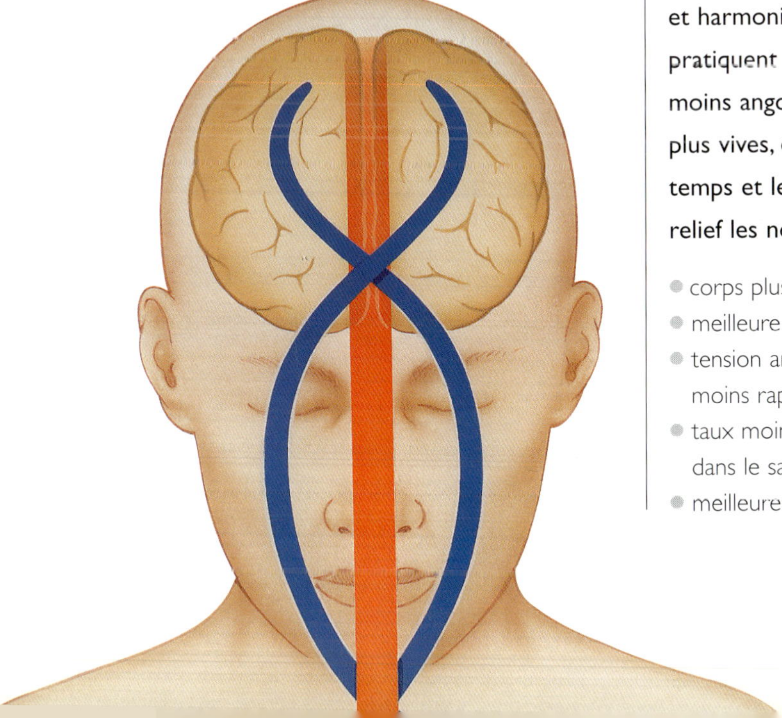

Les bienfaits de la méditation

Avoir la capacité de contrôler votre esprit, au lieu de le laisser vous contrôler, apporte paix et harmonie dans votre vie. Les personnes qui pratiquent une méditation régulière sont moins angoissées, plus calmes, mentalement plus vives, et plus efficaces pour gérer leur temps et leur énergie. Des études ont mis en relief les nombreux bienfaits de la méditation :

- corps plus détendu
- meilleure qualité de sommeil
- tension artérielle plus basse et pulsations moins rapides
- taux moins élevé d'hormones de stress dans le sang
- meilleure circulation

Comment méditer

Il est utile de consulter un professeur qui vous montre comment entrer dans un état méditatif, mais vous pouvez le faire vous-même si vous êtes suffisamment discipliné. Il n'y a pas une « bonne » manière de méditer, mais pour réussir, il est conseillé de suivre les recommandations ci-après :

- installez-vous dans un lieu tranquille où vous ne serez pas dérangé
- observez une pratique régulière, de préférence 15 minutes chaque jour, et à la même heure – le matin, la méditation aide à rester calme et concentré pendant le reste de la journée ; le soir, elle permet de se détendre
- ayez l'estomac vide
- adoptez une position confortable (en général assise pour éviter l'endormissement)
- choisissez un objet sur lequel l'esprit peut se concentrer et vous détacher de votre environnement

La décoration, comme une plante verte, une bougie ou une image, fournit un sujet sur lequel se concentrer durant une méditation.

Fixer son esprit

Au début, vous aurez peut-être de la difficulté à vous concentrer ou vous aurez tendance à somnoler, mais avec la pratique, vous aurez plus de facilité à garder l'esprit en éveil.
Si vous sentez que votre attention vagabonde, réorientez votre esprit sur le sujet de votre méditation. Pour entrer en méditation, différentes méthodes s'offrent à vous :

En méditation, l'utilisation d'un objet tel qu'une fleur permet de fixer son attention.

Méditer sur un objet

Concentrez-vous sur un objet particulier, sentez sa présence et pensez à sa texture, à sa forme et à ses autres qualités. Un cristal, la flamme d'une bougie, une fleur ou un mandala sont tous des objets appropriés.

Psalmodier un mantra, ou une formule, comme le mantra sacré « Om », permet de mieux se concentrer et de tirer profit de sa méditation.

Méditer sur un mantra

Un mantra est un mot, ou une formule, que l'on répète continuellement, à voix haute ou basse. « Om » est un mantra sacré hindou très utilisé, mais tout autre mot peut convenir.

Toucher

Laisser glisser lentement un rosaire ou un chapelet dans ses doigts, frotter un morceau de tissu peut provoquer un état de méditation.

Prendre conscience de sa respiration

Concentrez-vous sur votre respiration pour atteindre un état méditatif. Comptez « un » à chaque expiration.

Méditer activement

Un exercice physique rythmé comme le tai-chi chuan, la nage ou la marche peut donner à l'esprit matière à se concentrer tout en étant plus énergisant que la position assise

Exercice : méditation simple et rapide

1

Asseyez-vous confortablement, la colonne vertébrale bien droite. Regardez vers le bas sans vous concentrer sur quoi que ce soit.

2

Laissez tomber vos paupières sans fermer totalement les yeux ; vous devez vous sentir bien.

3

Continuez à regarder vers le bas. Vous remarquerez que votre respiration est plus lente et plus profonde.

4

Au bout de quelques minutes, levez les yeux à hauteur normale ; vous devez vous sentir calme et détendu.

Mise en garde

Si vous avez souffert de troubles psychiques, consultez un médecin avant de commencer à pratiquer ces exercices. À long terme, la méditation peut être parfois source de dépression ou de repli sur soi.

La visualisation

La visualisation, technique qui exploite l'imagination pour traiter le stress et la maladie, améliore la motivation et modifie les attitudes négatives ; elle occupe une place importante dans de nombreuses thérapies de relaxation et elle est également utilisée par les athlètes. En imaginant des paysages, des sons, des goûts ou des odeurs, vous utiliserez la pensée positive pour recouvrer la santé et rester en forme.

Se débrouiller seul

Vous pouvez consulter un professionnel, mais aussi vous initier seul aux techniques de visualisation. Au début, une pratique de 15 à 20 minutes par jour vous sera peut-être nécessaire, au lever ou avant de vous coucher, mais à mesure que vous gagnerez en expérience, vous pourrez limiter les séances à quelques minutes lorsque vous en aurez besoin. Choisissez un endroit calme, confortable, où vous ne serez pas dérangé. Respirez lentement et essayez de vous détendre. Puis concentrez-vous sur l'image que vous avez choisie. En même temps, il peut se révéler utile de répéter des affirmations positives comme « je me sens détendu » ou « je contrôle ce qui est ». Vous pouvez pratiquer cet exercice en cas de stress ou pour maîtriser une situation éprouvante.

Maintenant, visualisez un endroit paisible et beau, réel ou imaginaire, pour mieux vous relaxer – un jardin, une plage ou une pièce calme. Essayez de vous représenter les sons, les odeurs et les vues qui caractérisent ce lieu et imprégnez-vous de cette ambiance jusqu'à ce que vous vous sentiez vraiment détendu.

Visualiser un lieu paisible et beau, comme une plage de sable déserte, est un moyen efficace d'utiliser votre imagination pour vous relaxer et surmonter le stress et l'anxiété.

La peur des situations

Nous ressentons souvent énervement et angoisse avant un événement important ; la visualisation peut justement vous aider à maîtriser ce type de réaction. Par exemple, plusieurs jours avant ledit événement, imaginez-vous en train de réussir un entretien d'embauche, ou visualisez une ovation après une intervention en public, et l'affirmation prendra racine dans votre subconscient.

L'imagerie peut également servir à surmonter le stress. Pensez à une image que vous associez à une tension (un orage par exemple) et remplacez-la par quelque chose d'apaisant (un arc-en-ciel).

Vous pouvez imaginer une scène procurant une certaine tension – comme un orage – et la remplacer par quelque chose d'apaisant – comme un arc-en-ciel – pour retrouver une quiétude intérieure.

Visualiser les couleurs

La couleur peut exercer un effet important sur votre humeur, votre vitalité et votre bien-être. Les jaunes et les rouges sont stimulants, les bleus et les verts apaisants. Un chromothérapeute utilisera diverses couleurs pour améliorer votre santé physique, mentale et émotionnelle, en général par la projection de lumières colorées sur votre corps. Cet exercice utilise la visualisation des couleurs pour détendre le corps et l'esprit.

1

Asseyez-vous confortablement et fermez les yeux.

2

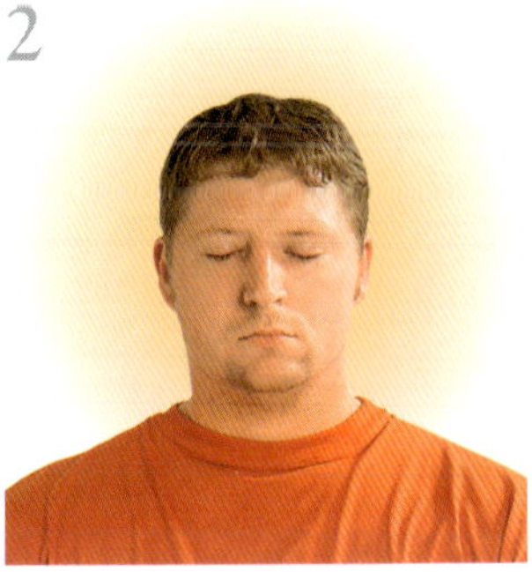

Imaginez une boule de lumière dorée juste au-dessus de votre tête. Visualisez cette boule qui descend lentement à travers votre tête et remplit tout votre corps. Imaginez que cette lumière purifie et guérit votre esprit.

3

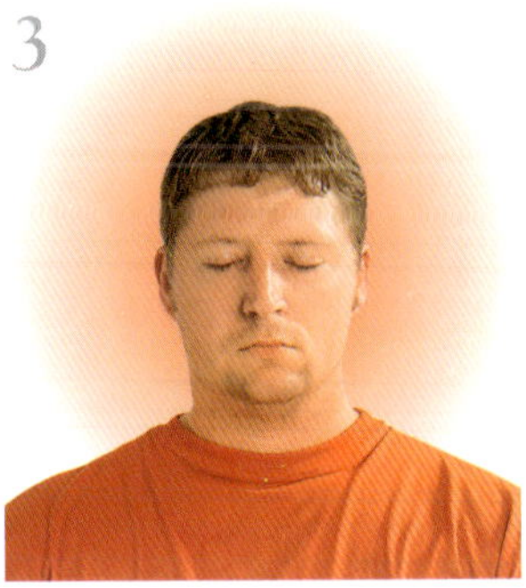

Recommencez en visualisant une boule de lumière rouge. Poursuivez en balayant tout le spectre coloré – orange, jaune, vert, bleu, indigo et violet – jusqu'à ce que vous soyez complètement détendu.

Le son des vagues qui s'échouent sur la plage a un pouvoir apaisant et aide à soulager les tensions.

La musique et les sons

Le pouvoir thérapeutique de la musique et des sons est exploité depuis longtemps. Les ondes sonores vibrent à différentes fréquences en induisant des effets physiques et émotionnels qui affectent l'humeur, le rythme cardiaque, la respiration et provoquent même la libération d'endorphines. Que vous chantiez juste ou faux, l'acte même de chanter chasse les tensions et incite à respirer profondément et en rythme. Le fait de jouer ou d'écouter de la musique a le pouvoir de vous connecter à votre moi intérieur, vous permettant ainsi d'exprimer les émotions les plus enfouies. Une musique douce apaisera vos sens tandis qu'une musique forte les éveillera.

La relaxation sur cassette

Il est plus efficace d'enregistrer vous-même votre cassette de relaxation. Choisissez un morceau de musique douce, délassante, d'une dizaine de minutes au moins, que vous associez à des souvenirs agréables. Ajoutez éventuellement quelques bruits de la nature (chant d'oiseau, brise qui souffle dans le feuillage d'un arbre ou bruit de la mer).

Choisissez une pièce tranquille, asseyez-vous ou allongez-vous, fermez les yeux et commencez à écouter la cassette. Essayez de caler le rythme de votre respiration sur celui de la musique et laissez venir à vous des images mentales agréables. Écoutez la cassette une fois par jour si possible et vous serez vite capable de vous remettre en mémoire cette musique pour vous calmer en cas de stress.

L'écoute de morceaux de musique ou de bruits de la nature que vous aimez particulièrement stimule la production d'endorphines.

La thérapie par le toucher

Un des moyens les plus efficaces de diminuer le stress est le toucher. Le contact physique n'a pas besoin d'être érotique ; caresser un chat ou embrasser quelqu'un a un effet très rassurant. Pour soulager rapidement une tension, asseyez-vous un moment et touchez votre pouce avec l'index de la même main. Le massage est un autre moyen reconnu pour se relaxer et libérer les tensions (*voir* pages 16-17).

L'odorat

Certains arômes ont la propriété de nous mettre de bonne humeur et plus à l'aise avec nous-même. Les molécules odorantes empruntent les canaux olfactifs pour se rendre directement dans le système limbique, partie du cerveau qui contrôle les souvenirs, les instincts et les fonctions vitales. Ainsi, certaines odeurs sont intensément évocatrices et font resurgir des scènes profondément enfouies dans notre mémoire. Les huiles essentielles parfumées sont utilisées sous de multiples formes pour inciter à la relaxation (*voir* pages 56-57).

Vous pouvez également solliciter la mémoire olfactive et son pouvoir d'association pour garder votre calme et vous détendre durant les périodes de stress. Pensez à vos odeurs préférées – celle de la peau d'un bébé, du café fraîchement moulu, des oranges, du lard en train de rissoler, de l'herbe qui vient d'être coupée – et vous vous sentirez de suite plus heureux, plus insouciant et plus détendu.

Les huiles essentielles et l'encens ont le pouvoir de détendre le corps et l'esprit.

La relaxation créative

Les activités créatives comme la peinture, le dessin et la sculpture sont d'excellents exutoires aux émotions et possèdent des vertus apaisantes. Le talent n'est pas indispensable, on ne vous demande pas de produire une « belle » œuvre d'art. Le simple acte de consacrer du temps à une activité créative plutôt qu'à une corvée est agréable en soi. Prenez conscience des divers arômes et textures du matériel artistique que vous utilisez – peinture, craies, crayons ou argile – et appréciez cette expérience.

La visite d'une galerie d'art est également une activité relaxante, en particulier si vous trouvez qu'un tableau ou une image suscite pour vous des associations particulières. Choisissez un moment calme de la journée où vous pouvez vous asseoir et observer une œuvre sans être dérangé.

Autres techniques de contrôle de l'esprit

Il existe plusieurs autres techniques mentales auxquelles s'initier pour inverser votre réponse au stress, dont l'hypnothérapie, le training autogène et le biofeedback. Relaxantes, elles vous donneront les moyens de reprendre le contrôle de votre vie.

L'hypnothérapie

La transe hypnotique est un état de conscience comparable à la rêverie qui peut servir à modifier les schémas comportementaux et favoriser la pensée positive. Quand vous êtes dans un état hypnotique, vous êtes très détendu et ouvert aux suggestions. En effet, sous hypnose, la partie consciente, rationnelle du cerveau (l'hémisphère gauche) est contournée, et le subconscient, la partie non analytique (l'hémisphère droit) prend le dessus. Pendant l'hypnose, le thérapeute peut « alimenter » votre subconscient de suggestions pour résoudre un problème spécifique, comme une dépendance à la nicotine ou un manque d'assurance ; il peut également vous questionner sur votre passé pour analyser les problèmes présents. Un hypnothérapeute peut vous plonger dans un état de profonde relaxation que vous pourrez reproduire en cas de situations stressantes.

L'autohypnose

Il est possible d'apprendre à s'hypnotiser. Installez-vous dans un endroit tranquille où vous ne risquez pas d'être dérangé, asseyez-vous ou allongez-vous. Relaxez-vous, respirez lentement et profondément. Fermez les yeux et imaginez-vous en train de marcher sur un chemin de campagne ou de descendre un escalier en comptant de dix à zéro. Répétez-vous des affirmations positives pour résoudre votre problème, ou écoutez une cassette que vous aurez préenregistrée. Sortez de l'état d'hypnose en inversant le processus que vous avez utilisé pour vous mettre dans cet état.

Pour se relaxer complètement et se mettre en état d'hypnose, l'esprit doit se représenter un endroit tranquille comme un chemin de campagne ou un ciel ensoleillé.

Mise en garde

L'hypnothérapie et le training autogène risquent d'être préjudiciables aux personnes souffrant de dépression, de psychose ou d'épilepsie. Consultez toujours un praticien reconnu et compétent.

Le training autogène

Autogène signifie « généré de l'intérieur » et décrit la manière dont l'esprit amène le corps à entraîner à la relaxation le système nerveux autonome – partie du cerveau qui gouverne les fonctions corporelles automatiques. Le training autogène comprend six exercices mentaux silencieux qui permettent de stopper la réaction corporelle au stress quand vous le souhaitez. Avec la pratique, vous pouvez atteindre un état de conscience modifié appelé « concentration passive », comparable à la méditation, au moyen duquel vous vous relaxez sans y travailler activement.

Le training autogène semble fonctionner au mieux lorsqu'il est pratiqué en séquence, avec des formules toutes prêtes, comme « mon bras droit est lourd, mon bras gauche est lourd, mes deux bras sont lourds ». Chaque exercice est conçu pour détendre différentes parties du corps. Une fois que vous avez acquis la technique, vous pouvez pratiquer le training autogène chez vous, à un rythme régulier de façon à garantir son efficacité.

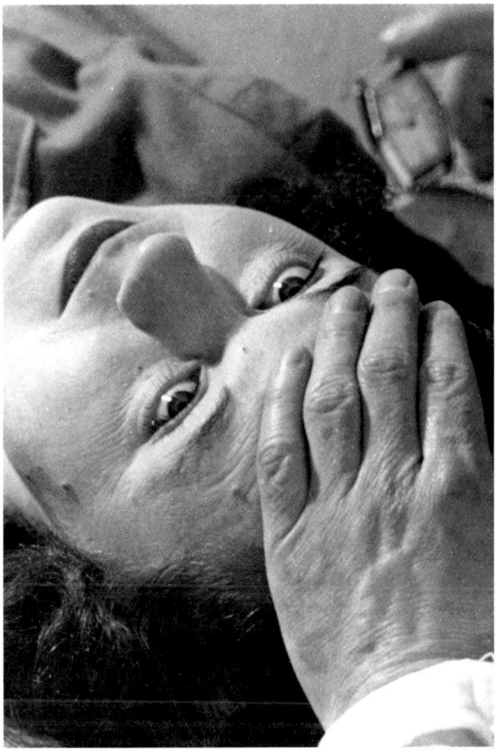

En état d'hypnose, l'esprit est très détendu et ouvert aux suggestions ; il offre à l'hypnothérapeute l'opportunité de remplacer les pensées et les associations négatives par des positives.

Le biofeedback

Le biofeedback est un moyen de surveiller les fonctions biologiques inconscientes au moyen d'appareils électroniques. Il permet également de contrôler votre réponse au stress. Des électrodes posées sur votre corps sont connectées à des instruments électroniques de biofeedback qui contrôlent vos réactions physiques. Tout en recevant un feed-back, vous effectuez des exercices de relaxation visant à réguler les fonctions corporelles jusqu'à ce que vous réussissiez à atteindre un état de profonde relaxation.

Se prendre en considération

Pour vous relaxer et surmonter le stress, il est indispensable de se sentir bien. Tout ce que vous pouvez faire pour avoir un cadre de pensée positif sera bénéfique à votre santé physique. Vous devez avoir confiance en vous, en ce que vous êtes et en ce que vous êtes capable de faire – cela vous permettra de gérer votre vie et vos relations avec succès.

Se valoriser

Il est facile de déprécier ses capacités et ses réalisations, de se dénigrer ; nous sommes d'ailleurs nombreux à émettre des opinions négatives sur nous-mêmes sans nous en rendre compte. Mais si vous vous estimez à votre juste valeur et considérez vos attributs comme positifs, les autres vous estimeront aussi.

Développée dans les années 1920 par le pharmacien français Émile Coué, l'autosuggestion est une technique simple mais efficace pour changer votre manière de vous considérer et de réagir envers les autres. Elle consiste à répéter des énonciations simples, positives, au présent, comme « chaque jour, quoi qu'il arrive, je vais de mieux en mieux ». L'autosuggestion produit d'excellents résultats lorsque vous utilisez des phrases mémorisées au cours d'une méditation ou d'une visualisation.

Valorisez-vous en affirmant vos qualités et en vous répétant des formules positives.

Fixez-vous des objectifs réalistes et notez les différentes étapes qu'il sera nécessaire de franchir pour les atteindre.

Se donner des objectifs

Le changement est à la fois inévitable et souhaitable ; toutefois, il est parfois perturbant car il nous pousse vers l'inconnu. Envisager un changement positif et à long terme vous permet d'identifier des objectifs réalisables à court terme. Il faut d'abord déterminer les objectifs que vous souhaitez atteindre dans les différents domaines de votre vie – relationnel, professionnel, financier – en vous donnant des limites temporelles. Ces objectifs doivent être réalistes, à votre mesure, n'essayez pas de tout changer en même temps. Notez le fruit de votre réflexion sur une feuille de papier et pensez au moins à trois étapes nécessaires à la réalisation d'un de ces objectifs. Félicitez-vous après chacune des étapes. Si l'un des objectifs vous paraît irréalisable, il peut être nécessaire de vous accorder des étapes supplémentaires pour l'atteindre, ou bien vous êtes simplement irréaliste et devez modifier votre objectif.

Aller dans le sens du courant

Pour rester détendu, il faut comprendre que vous ne contrôlez que vos propres actions. Il est épuisant et souvent infructueux de lutter pour contrôler le monde autour de vous. En revanche, si vous acceptez le fait que la vie est un parcours ponctué d'obstacles, ceux-ci seront moins ardus à négocier.

Le rire

Le rire exprime la joie, et est également excellent pour le cœur et les poumons. En outre, des études ont montré qu'il a pour effet de baisser la pression artérielle, décontracter les muscles, soulager la douleur, diminuer les hormones de stress et stimuler le système immunitaire en augmentant la production des cellules macrophagiques. Le rire déclenche la libération d'endorphines (les analgésiques naturels de l'organisme) et produit une sensation générale de bien-être.

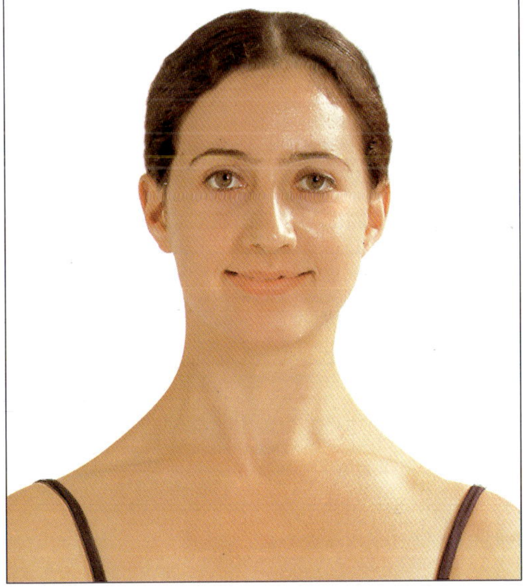

Vivre le moment présent

Les jeunes enfants ont une merveilleuse capacité à savourer le moment présent car ils ne sont pas embarrassés par le lourd fardeau du passé et n'ont pas encore appris à craindre l'avenir. En tant qu'adultes, nous sommes tellement conditionnés à penser à des milliers de choses à la fois qu'il nous est souvent difficile de nous libérer pour être dans la sphère du « ici et maintenant ». Pour parvenir à nous faire vivre le moment présent, de nombreuses philosophies orientales incluent l'idée d'attention soutenue qui consiste à se concentrer activement sur le présent en maintenant notre esprit totalement absorbé par la tâche que nous sommes en train d'accomplir.

L'attention soutenue est une technique ; en effet, il faut une certaine pratique pour empêcher votre esprit de vagabonder. Lorsque vous aurez une tâche désagréable à accomplir (repasser par exemple), au lieu de rêvasser, concentrez-vous pleinement sur ce que vous avez à faire. Lorsque vous êtes totalement absorbé, même les tâches les plus banales sont susceptibles de vous occuper l'esprit.

L'accomplissement de tâches quotidiennes, comme la vaisselle, permet de donner à votre esprit un sujet de concentration.

La substitution positive

Les sentiments négatifs sapent votre énergie et créent une spirale infinie de déception, d'angoisse et de regret. La pensée positive redonne espoir : une fois que vous l'aurez expérimentée, vous aurez une meilleure image de nombreux aspects de votre vie.

À force de pratique, vous transformerez les pensées négatives en pensées positives. Pensez à une activité que vous trouvez stressante – par exemple, aller travailler tous les jours. Commencez par vous concentrer sur les inconvénients (le temps perdu ou la fatigue du trajet). Bannissez ces pensées de votre esprit. Substituez consciemment des pensées positives aux pensées négatives – occupez le temps de trajet à lire, méditer ou écouter de la musique.

Avec la pratique, penser à des choses positives de la vie plutôt qu'à des choses négatives peut devenir une seconde nature.

Appréciez ce que vous avez

Dans notre société, la compétition et la course à la réussite matérielle sont une inépuisable source de stress, au point de nous faire oublier les choses importantes de la vie. Prenez un peu de temps chaque jour pour penser à ce que vous avez de bien dans votre vie ; il peut s'agir de n'importe quoi – de bonnes relations, de talents spécifiques, d'une bonne santé, d'enfants heureux. N'essayez plus de rivaliser pour avoir plus de choses et soyez en paix avec vous-même.

Libérez-vous de la peur

Personne n'est jamais certain de ce qui l'attend ; souvent, la peur de l'avenir nous empêche d'apprécier le présent. Au lieu de penser « que se passera-t-il si… ? » (si je perds mon travail, si je tombe malade, si je ne peux pas payer mon emprunt, par exemple), cessez de vous inquiéter et contentez-vous de ce que vous avez maintenant.

Les exercices de visualisation qui permettent de créer une image de l'avenir tel que vous voulez qu'il soit, sont particulièrement utiles pour vous aider à envisager positivement l'avenir au lieu de le redouter, mais une fois encore, ce doit être quelque chose de réalisable et non un fantasme. Il est parfois profitable de consacrer un moment de la journée à réfléchir à vos tracas. Lorsque ce temps s'est écoulé, cessez tout simplement d'y penser.

Les relations interpersonnelles

Entretenir de bonnes relations avec sa famille et ses amis apporte un réconfort émotionnel et incite à être plus positif, moins stressé et plus serein. Toute relation demande à être soignée et entretenue afin que chacun se sente valorisé et aimé.

Entretenir de bonnes relations

Apprenez à écouter les autres car ils vous le rendront. Cultivez l'amitié, la tolérance, le pardon et la confiance. Confiez-vous à vos amis ou à votre famille.

Les amis

Dans le monde occidental, ce sont souvent les amis plus que la famille qui apportent un soutien émotionnel ; comme avec les membres de la famille, nous pensons parfois que tout nous est acquis de leur part. Il est important de montrer à vos amis que vous les appréciez et de réfléchir à ce qu'ils vous apportent.

Lorsque vous êtes avec votre partenaire, allumez des bougies parfumées pour créer une ambiance intime et feutrée.

Les partenaires

Une bonne relation au sein d'un couple est source de réconfort, de satisfaction, de sécurité et d'épanouissement ; une communication physique et émotionnelle de qualité est essentielle pour vivre une relation sans tensions. Pour tirer le meilleur profit de cette relation privilégiée, il est indispensable de passer du temps ensemble. Pour établir une réelle intimité dans votre relation et la préserver, suivez ces quelques recommandations :

- Créez une ambiance favorable en allumant des bougies et en mettant de la musique douce et relaxante.
- Ajoutez quelques gouttes d'huile essentielle aphrodisiaque, comme l'ylang-ylang, à une huile de massage et massez-vous mutuellement en privilégiant la sensualité.
- Ajoutez des huiles essentielles à un bain chaud ou à un peu d'eau dans un brûle-parfums pour parfumer l'atmosphère de votre chambre à coucher.
- Prenez un bain relaxant ensemble.
- Parlez de ce qui vous est agréable, de ce que vous aimez dans la vie et faites des projets d'avenir.

Prenez le temps de profiter de vos enfants : jouez avec eux, leur enthousiasme et leur vitalité déteindront sur vous.

La discussion

Les relations sont beaucoup plus sincères et épanouissantes si vous êtes honnête l'un envers l'autre et parlez ensemble de vos problèmes et de vos besoins. Il faut cependant faire preuve d'un certain tact et éviter de parler ou d'agir de manière blessante.

- Ménagez un temps pour la discussion mais déprogrammez-le si vous êtes fatigué, angoissé ou si vous avez trop bu.
- Réfléchissez à l'avance à ce que vous avez envie de dire – notez sur une feuille de papier les points que vous souhaitez aborder.
- Essayez d'être positif au lieu de vous focaliser sur les aspects négatifs d'une situation.
- Ne commencez pas à discuter dans votre chambre, juste avant de dormir, et ne vous installez pas dans une pièce que vous réservez d'ordinaire à la relaxation – vous pouvez aussi opter pour une promenade.
- Lorsque vous êtes d'accord, clôturez la discussion et réaffirmez votre amour mutuel.

Les enfants

D'un point de vue physique, émotionnel et financier, les enfants sont épuisants. Cependant, ils constituent aussi une infinie source de plaisir et d'amour inconditionnel, et bien évidemment, ils grandissent trop vite.

Le deuil

La perte d'un être aimé est la source d'un profond stress. Le chagrin augmente votre vulnérabilité à la maladie et diminue votre capacité à affronter la réalité. Le processus de deuil comprend de nombreuses étapes dont le choc, la dénégation, la colère et finalement l'acceptation. En exprimant vos émotions, vous éviterez d'être anéanti par le chagrin.

Lorsque vous avez du chagrin, ne retenez pas vos émotions. Cela servirait seulement à amplifier la douleur et nuirait à votre bien-être mental.

Bienvenue au changement

En modifiant quelque peu votre style de vie et votre environnement, vous obtiendrez des résultats inespérés sur votre santé et votre vitalité. Ces petits changements font partie d'un processus de meilleure prise en charge de votre personne. En organisant votre travail et vos loisirs de manière plus efficace, vous maîtriserez mieux vos problèmes et votre vie.

Si la relaxation de l'esprit nous apprend à apprécier le présent et à ne pas nous inquiéter inutilement du futur, elle ne nous interdit pas pour autant de penser aux jours à venir. Nous faisons rarement le point sur notre manière de vivre à court ou à moyen terme, mais il s'avère utile de consacrer un peu de temps à planifier le jour ou la semaine à venir afin d'assainir notre mode de vie, d'un point de vue aussi bien physique que mental. Un changement d'alimentation se révèle souvent déterminant pour l'amélioration de notre bien-être. Notez ce que vous mangez sur une période d'une semaine et, en fonction de vos remarques, composez un régime alimentaire plus équilibré. Ces modifications vous paraîtront peut-être ardues au début mais vous en tirerez rapidement profit et elles cesseront de s'apparenter à des sacrifices.

Dans notre société moderne, la plupart des gens pratiquent l'exercice physique en quantité bien inférieure à celle qui est nécessaire pour se maintenir en forme. Il est pourtant relativement aisé d'introduire de petites doses d'activité sportive dans votre vie quotidienne, des exercices à pratiquer le matin ou tôt dans la soirée, ou une séance de marche pour couper une journée de travail.

Le travail étant l'une des sources de stress les plus communes, il n'est pas surprenant que ce soit aussi l'un des secteurs les plus désignés pour les changements, de l'heure du réveil matinal imposé à celle du retour à la maison, le soir. Paradoxalement, planifier de courtes pauses au travail et décider de s'arrêter en fin de journée entraînent souvent un gain de productivité à long terme. Si le domicile est l'endroit où l'on choisit de se relaxer, il est normal de le rendre paisible et accueillant, en particulier si l'on passe un peu de temps chez soi dans la journée.

Notre vie quotidienne et le monde environnant nous apparaissent souvent comme des sources de stress ; pourtant, à condition de planifier scrupuleusement notre temps, de réfléchir à bon escient et d'adopter une attitude optimiste, chaque situation peut susciter plaisir et sérénité.

Ne soyez pas esclave de votre emploi du temps – n'hésitez pas à ralentir votre rythme de vie, à saisir les occasions qui se présentent et à apprécier chaque jour et ce qu'il a à offrir.

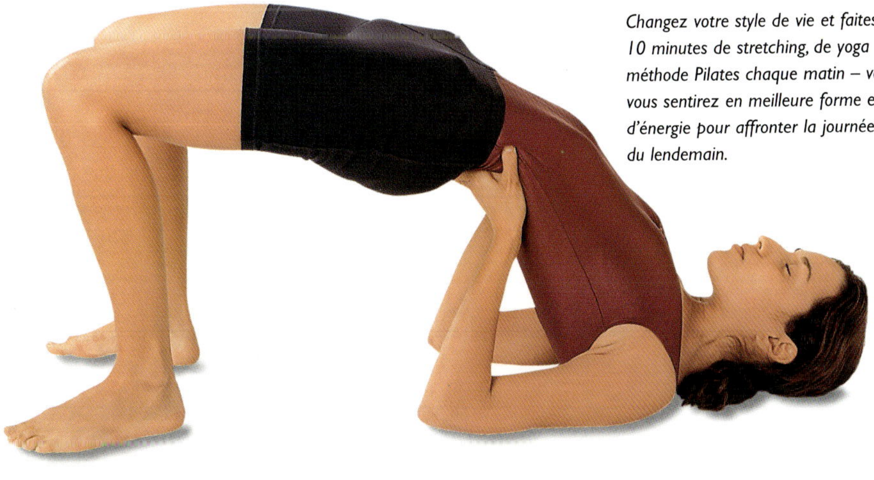

Changez votre style de vie et faites 10 minutes de stretching, de yoga ou de méthode Pilates chaque matin – vous vous sentirez en meilleure forme et plein d'énergie pour affronter la journée du lendemain.

L'alimentation

« Nous sommes ce que nous mangeons » est un lieu commun particulièrement irritant mais qui, pourtant, se vérifie parfois. À trop boire d'alcool et/ou vous nourrir mal, vous vous sentirez fatigué, ballonné et sans énergie. Veillez à avoir une alimentation équilibrée, faisant la part belle aux fruits et aux légumes frais ; vous aurez beaucoup plus d'entrain et de vitalité.

Une alimentation équilibrée

Pour vous assurer une bonne santé et une excellente forme physique, mangez équilibré : environ 50 % de glucides, 30 % de matières grasses, 15 % de protéines et une grande quantité de fibres, de vitamines, de minéraux et d'eau.

Les glucides

Ils sont la principale source d'énergie de l'organisme. Les glucides simples, comme les sucres, fournissent une énergie instantanée mais n'ont aucune valeur nutritionnelle. Les glucides complexes qui se trouvent dans le pain, les pâtes, le riz, les pommes de terre, les céréales et les légumineuses sont meilleurs, car à combustion lente.

Les aliments renfermant des glucides complexes sont également riches en fibres, minéraux et vitamines essentielles.

Les matières grasses

Elles sont indispensables à la croissance et au bon déroulement de la digestion, mais un excès de graisses risque d'entraîner surpoids, obésité et graves problèmes de santé.

Les aliments renfermant beaucoup de matière grasse ou de protéines, comme le lait, le fromage, le chocolat et le jambon, se mangent de préférence en petites quantités.

Les protéines

L'organisme nécessite un apport quotidien de protéines pour assurer la croissance, l'entretien et la régénération des cellules. Nombre d'Occidentaux absorbent trop de protéines par rapport à leurs besoins et celles-ci se transforment en graisses.

Les légumineuses, le riz et les fruits à écale, riches en fibres, en glucides et en protéines, constituent l'essentiel d'une alimentation saine.

Les fibres

Les fibres alimentaires qui se trouvent dans les fruits à écale, les légumineuses, le riz et les céréales préviennent la constipation, diminuent le taux de cholestérol et protègent des colites et autres troubles digestifs.

Les vitamines et les minéraux

Même si l'organisme n'en nécessite qu'une petite quantité, ils sont essentiels à la santé.

Aliments favorables à la relaxation

Les aliments renfermant du calcium, du magnésium et de la vitamine B6 sont reconnus pour leur effet apaisant. Les légumes verts à feuilles, le lait et les produits laitiers, les abricots, les bananes, les noix et noisettes ainsi que l'extrait de levure font partie des aliments qui vous aideront à vous détendre. La viande, le lait et les œufs renferment du tryptophane, un acide aminé essentiel qui se transforme en sérotonine – cette substance importante élaborée par des cellules du tissu cervical a pour effet de réguler le sommeil et d'améliorer l'humeur.

Que manger ?

Une alimentation saine est riche en fruits, légumes, céréales et légumineuses, et pauvre en produits animaux et laitiers. Ces recommandations nutritionnelles sont basées sur les habitudes alimentaires des peuples du Bassin méditerranéen réputés pour leur longue espérance de vie et leur faible taux de maladies cardiovasculaires.

- La moitié de votre alimentation quotidienne doit se composer de glucides complexes.
- Mangez au moins cinq portions de fruits ou de légumes par jour, de préférence biologiques et choisissez plutôt des produits laitiers allégés.
- Mangez du poisson gras au moins une fois par semaine et limitez votre consommation de viande rouge et de fromage.
- Mangez beaucoup d'aliments riches en fibres.
- Réduisez votre consommation de sel – utilisez-le en cuisine seulement – et limitez votre consommation de sucre – essayez de ne pas trop en mettre dans le thé et le café.
- Mangez des aliments frais le plus souvent possible et réduisez votre consommation d'aliments traités.
- Modérez votre consommation d'alcool et essayez de ne pas en boire du tout au moins deux jours par semaine.
- Buvez suffisamment de liquide pour avoir des urines claires – au moins deux litres d'eau par jour pour éliminer les toxines. Un verre d'eau toutes les deux heures vous rendra plus dynamique.
- Limitez votre consommation de thé, de café, de sodas et de chocolat.

Quand manger ?

Une nutrition optimale signifie manger les bons aliments au bon moment ; la prise de repas réguliers favorise une bonne santé. Le petit déjeuner relance le métabolisme et augmente le taux de sucres sanguins ; si vous n'en prenez pas, vous risquez de vous sentir fatigué et incapable de vous concentrer. Le déjeuner doit être le plus gros repas de la journée car à ce moment-là, le métabolisme est au maximum de son efficacité. Prenez un dîner léger au moins deux heures avant de vous coucher car l'organisme a du mal à digérer un gros repas en fin de journée.

Comment manger ?

Un repas tranquille est beaucoup plus apprécié et infiniment plus relaxant qu'un en-cas avalé entre deux portes. La prochaine fois que vous mangez, asseyez-vous et savourez chaque bouchée. Expérimentez les différentes saveurs et observez comment elles se complètent. Si vous buvez un verre de vin, gardez-le un peu en bouche et laissez émerger ses propriétés gustatives. En mâchant, sentez les différentes textures des aliments. Si vous prenez le temps d'apprécier la nourriture, vous mangerez moins, mâcherez correctement et votre digestion s'en trouvera facilitée.

Les excitants

Les excitants comme le café, le thé, le chocolat et le sucre sont des substances chimiques qui donnent à l'organisme une brusque bouffée d'énergie rapidement consumée.
Ils augmentent vos réserves énergétiques en stimulant les glandes surrénales. Celles-ci libèrent des hormones qui apportent à vos cellules une livraison soudaine de glucose. Vous êtes très vite pris dans un cercle vicieux qui vous incite à consommer plus d'excitants pour obtenir le même effet, et ce jusqu'à une dépendance totale. Les excitants renferment également des toxines que l'organisme n'élimine qu'à petites doses. Votre chimie corporelle s'épuise, votre organisme est constamment en zone rouge et vous êtes alors en proie à l'anxiété, à la fatigue et aux sautes d'humeur.

Après vingt heures, il est conseillé de prendre un repas léger pour faciliter la digestion.

En réduisant votre consommation d'excitants tels que le café, le thé, le chocolat et le sucre, vous vous sentirez plus calme et en meilleure forme.

Diminuer les excitants

Pour se sentir plus détendu, il est indispensable de diminuer les excitants. Tenez un carnet de bord pendant trois jours pour identifier les excitants que vous consommez ; surtout, ne trichez pas sur les quantités. Essayez de noter à quel moment de la journée vous les consommez (en réaction à une situation stressante ou comme remontant, par exemple) et s'il s'agit d'un comportement habituel ; puis remplacez cet excitant par un aliment plus sain, mangez par exemple un fruit au lieu d'une barre chocolatée.

La majorité des gens ne parviennent jamais à supprimer complètement les excitants ; le moyen le plus simple consiste à réduire sa consommation, un à la fois, jusqu'à ce qu'ils ne soient plus une nécessité quotidienne. Les premiers jours, vous vous sentirez probablement faible, groggy, et serez sujet aux névralgies (en particulier si vous êtes accro au café) ; persévérez et vous serez très vite en meilleure forme. La dépendance à la nicotine et à l'alcool est très difficile à surmonter ; il est parfois nécessaire de consulter un médecin ou de suivre une thérapie de groupe.

Une coupe à fruits

Achetez une grande coupe à fruits et garnissez-la régulièrement d'appétissants fruits frais (bananes, oranges, pommes…).
La prochaine fois que vous avez envie d'un en-cas, évitez de manger un biscuit et laissez-vous plutôt tenter par un fruit.

L'importance de l'exercice

L'exercice physique est l'une des premières choses que nous négligeons lorsque nous sommes stressés. Cependant, des études ont montré que l'activité physique a un effet très relaxant. Une pratique régulière libère l'esprit et le corps, améliore l'humeur, renforce l'amour de soi, diminue l'anxiété, favorise le sommeil, diminue la pression artérielle et aide à maigrir.

L'activité physique, une aide à la relaxation

1. L'exercice stimule l'appétit. Les personnes qui pratiquent une activité physique régulière ont tendance à mieux manger, et chacun sait qu'une bonne nutrition permet à l'organisme de gérer le stress de manière plus efficace.

2. L'exercice stimule la sécrétion d'endorphines, les analgésiques naturels de l'organisme, qui diminuent l'anxiété, vous rendent plus détendu et de meilleure humeur.

3. L'exercice libère l'adrénaline, qui s'accumule dans l'organisme en cas de stress.

4. L'exercice musculaire permet aux systèmes corporels de travailler plus efficacement en éliminant les toxines.

5. L'activité physique vous fait reprendre confiance en votre corps.

6. L'exercice vous oblige à faire une pause pour vous occuper de vous, vous distraire des soucis quotidiens ; en outre, il a pour effet de diminuer le stress. Une activité sportive répétitive comme la marche, la course ou la natation donne l'occasion de réfléchir, méditer et relaxer votre esprit.

7. Un exercice régulier vous apportera une fatigue saine et donc un meilleur sommeil (toutefois, une activité dynamique juste avant le coucher risque de trop stimuler l'organisme et d'empêcher l'endormissement).

8. L'exercice promeut la respiration profonde indispensable à une bonne relaxation. La respiration profonde envoie plus d'oxygène au cerveau et améliore ainsi la résistance mentale.

La pratique du yoga est un moyen agréable d'améliorer votre forme et votre santé physiques et, ainsi, de diminuer votre stress.

Se mettre en train

Il est essentiel de choisir une activité que vous aimez ; vous aurez ainsi plus de facilité à la pratiquer régulièrement. Trouvez une activité adaptée à votre personnalité et considérez l'exercice comme un plaisir et un moyen de vous relaxer, non comme une corvée. Si vous vous astreignez à un programme régulier pendant au moins six mois, vous augmenterez vos chances de réussite. Sachez déterminer vos limites et ne sollicitez pas votre organisme à l'excès. Avancez lentement, par paliers, surtout si vous êtes resté longtemps inactif.

Améliorer sa forme physique générale

Pour vous mettre en forme, inutile de vous inscrire à un club de gymnastique ou de dépenser beaucoup de temps et d'argent. Au moins 10 minutes quotidiennes de marche, danse, jardinage, natation ou bicyclette peuvent améliorer votre forme de manière radicale, diminuer sensiblement votre stress et vous rendre plus énergique, plus heureux et en bien meilleure santé.

Choisissez des exercices faciles à inclure dans votre vie de tous les jours : marcher ou prendre votre bicyclette pour aller travailler (si possible), monter les escaliers à pied, descendre du bus un ou deux arrêts avant le vôtre et parcourir la distance restante à pied, promener régulièrement votre chien, emmener vos enfants en balade dans un parc ou à la campagne le week-end, ou simplement rester chez vous, mettre de la musique et danser.

Mise en garde

Si vous menez une vie plutôt sédentaire, si vous êtes enceinte, si vous êtes âgé de plus de 45 ans, si vous avez des antécédents d'hypertension, de maladie pulmonaire ou cardiaque ou de cholestérolémie élevée, si vous êtes obèse ou gros fumeur, consultez un médecin avant d'entreprendre un programme d'activité physique dynamique.

La bicyclette est un excellent moyen de s'aérer et d'améliorer ses capacités cardiovasculaires.

Le monde du travail

Nous sommes nombreux à passer le plus clair de notre temps à travailler. Des études montrent que le nombre d'heures consacrées à l'activité professionnelle est en augmentation constante. Il est peu probable que vous réussissiez à modifier l'éthique de travail dominante ou votre environnement au travail, mais vous pouvez établir la liste de vos priorités et élaborer un emploi du temps strict pour être sûr de profiter au mieux de votre temps.

Organiser sa journée

Si vous faites partie de ceux qui se précipitent hors de chez eux le matin et rebroussent chemin parce qu'ils ont oublié quelque chose, ou si vous êtes quelqu'un qui passe une grande partie de la journée à se démener au travail, pour ensuite rentrer à la maison exténué, vous avez besoin de mieux vous organiser afin de maîtriser votre temps.

Essayez d'observer les recommandations suivantes pour contrôler le déroulement de votre journée et diminuer votre stress :

- Préparez le plus de choses possible la veille au soir – sortez vos vêtements ou mettez le couvert du petit déjeuner, par exemple.
- Levez-vous 10 minutes plus tôt que d'habitude pour prendre le temps de terminer ce qui vous obligerait à vous dépêcher.
- N'allumez pas la télévision car cela vous distraira et vous serez en retard.
- Ne répondez pas au téléphone sauf si vous pensez que c'est vraiment important.
- Juste avant de partir, passez mentalement votre aide-mémoire en revue pour être sûr de ne rien oublier.

Rédigez un aide-mémoire pour mieux organiser votre journée – vous pouvez même le fixer sur votre réfrigérateur pour vous assurer de ne rien oublier.

Au travail

Établir des habitudes de travail permet de fixer ses objectifs et, à la fin de la journée, de laisser derrière soi les soucis professionnels. Élaborez un emploi du temps hebdomadaire, puis prenez 15 minutes au début de chaque journée de travail pour penser à ce que vous souhaitez réaliser. Cela vous permettra de rédiger une liste – évitez qu'elle soit trop longue pour ne pas être découragé à l'avance.

- Essayez de ne pas faire trop de choses en même temps.
- Donnez la priorité aux choses essentielles et faites-les tout de suite.
- Essayez de vous atteler à une tâche de votre liste que vous n'appréciez pas particulièrement : vous éprouverez une grande satisfaction quand elle sera accomplie.
- Donnez la priorité aux choses essentielles et faites-les tout de suite.
- Réservez une demi-heure par jour à l'imprévu.
- Déléguez le plus de tâches possible, ne décidez pas de tout faire.
- Si vous ne pouvez pas déléguer, demandez au moins de l'aide.
- Apprenez à dire « non » poliment sans éprouver le besoin de vous justifier.
- Procurez-vous un bon agenda et utilisez-le.
- Déterminez précisément la durée de chaque réunion que vous dirigez.
- Si vous êtes en retard ou devez annuler un rendez-vous, prévenez la personne qui vous attend.
- À la fin de la journée, faites le bilan de ce que vous avez fait et félicitez-vous de ce que vous avez accompli.

Maîtriser le téléphone

- Si vous devez donner plusieurs coups de téléphone, regroupez-les pour un maximum d'efficacité.
- Utilisez un répondeur-enregistreur et éteignez votre téléphone portable si vous ne souhaitez pas être dérangé.
- Si vous travaillez chez vous, investissez dans une seconde ligne téléphonique et ne répondez pas aux appels professionnels au-delà d'une certaine heure.
- Ne répondez pas au téléphone juste avant ou pendant les repas ; s'il s'agit d'un sujet important, la personne rappellera.

Ne laissez pas le téléphone dominer votre vie – ne répondez aux appels que quand cela vous convient et téléphonez seulement quand vous avez suffisamment de temps devant vous.

L'espace professionnel

Il est difficile de travailler efficacement sur un bureau encombré. Rangez-le à la fin de la journée. Utilisez des corbeilles de rangement pour classer les dossiers en instance ou terminés et gardez à portée de main tout ce dont vous avez besoin. Ayez une provision de papier et de stylos sur votre bureau et jetez ceux qui ne marchent plus.

Une pause pour réfléchir

Nous sommes nombreux à être gouvernés par l'horloge, à tenter de respecter des délais très serrés de façon à gagner en efficacité et en productivité. Esclaves du temps, nous sommes constamment en train de nous hâter de faire les choses, et nous commettons fréquemment des erreurs alors que nous devrions nous concentrer sur la tâche à accomplir. Faites une pause, vous aurez ainsi le temps de réfléchir et de réagir à une situation de manière plus opportune. Une pause permet aussi de dire « non » et de ne pas s'engager à faire trop de choses en même temps.

Une pause-détente

Comme pour les trajets en voiture où il est conseillé de s'arrêter toutes les deux heures car, au-delà, votre concentration s'émousse et vos capacités diminuent, il est universellement reconnu que de longues heures de travail sans pauses régulières nuisent à la santé et risquent même d'être dangereuses. De nombreuses chaises de bureau occasionnent une mauvaise posture, et rester les yeux fixés sur un écran d'ordinateur plusieurs heures d'affilée provoque des tensions oculaires, des torticolis et des lombalgies. Levez-vous, étirez-vous et marchez au moins une fois par heure. Arrêtez-vous de travailler pour déjeuner et mangez loin de votre bureau si possible. Rappelez-vous que la loi vous autorise des pauses régulières ; vous en serez d'ailleurs beaucoup plus efficace.

Au travail, prenez le temps d'apprécier un en-cas aussi nutritif que savoureux et de recharger vos batteries.

Savoir s'arrêter

Ne tombez pas dans le piège de penser que plus vous passez de temps au bureau, plus vous travaillez, car souvent, c'est le contraire qui se produit. Travailler de longues heures et emporter du travail chez soi n'améliore en rien la productivité de l'individu. Il est essentiel de séparer la sphère professionnelle de la sphère privée et de consacrer du temps à votre famille. Si vous passez votre temps libre à vous relaxer, vous reprendrez le travail frais et dispos, en lui accordant toute votre attention.

Retrouver son calme

Si vous paniquez par peur de ne pas pouvoir respecter les délais, faites consciemment l'effort de vous calmer. Donnez-vous l'injonction d'arrêter ce que vous êtes en train de faire, puis fermez les yeux et respirez lentement, profondément. Sentez-vous devenir plus détendu, sentez votre rythme cardiaque ralentir. Sinon, pratiquez la méditation simple et rapide de la page 25.

Le temps libre : les vacances

Les vacances vous donnent l'occasion de vous reposer et de recharger vos accus, mais souvent elles se révèlent également une source de stress supplémentaire. La préparation physique et mentale vous permettra de mieux négocier les difficultés potentielles et, pour être sûr de réussir vos vacances, planifiez. Tout d'abord, choisissez une période qui convienne à tout le monde. Informez-vous à l'avance sur la destination que vous avez choisie afin de connaître votre itinéraire et savoir quoi mettre dans vos bagages. Quelques jours avant, préparez-vous psychologiquement en vous obligeant à vous relaxer et à ralentir votre rythme de travail. Prenez un jour de congé supplémentaire pour mieux vous déconnecter.

Se relaxer chez soi

La maison est un refuge. Le cadre de vie a un impact considérable sur le bien-être de chacun. Un intérieur désordonné, encombré, aux couleurs défraîchies aura un effet stressant, alors qu'une maison bien rangée, claire et propre qui reflète votre caractère et celui de votre famille contribuera à créer une ambiance agréable et positive, favorable à la relaxation.

La lumière et l'espace

La lumière naturelle est meilleure pour les yeux ; exploitez au maximum la lumière du jour et installez votre bureau près d'une fenêtre. Un environnement spacieux, clair et aéré a un effet relaxant, mais vous pouvez gagner de la place en vous débarrassant du superflu.

Baisser le volume

Le bruit est très stressant, même si vous n'en prenez pas toujours conscience. Regardez la télévision uniquement si vous avez sélectionné un programme qui vous intéresse et éteignez-la au moment des repas. Reposez-vous l'esprit en écoutant de la musique.

Pour créer une atmosphère paisible chez vous le soir, évitez les éclairages fluorescents agressifs et utilisez des lumières douces ou des bougies.

Dix conseils pour un intérieur bien rangé

1. Déchaussez-vous en entrant, cela vous évitera d'introduire des saletés dans la maison.
2. Commencez par vous débarrasser des tâches que vous aimez le moins.
3. Placez une corbeille à papiers dans chaque pièce.
4. Moins vous conservez de choses superflues, plus le rangement sera facile. Rangez le désordre une fois par mois et effectuez un grand tri au moins une fois par an. Si vous n'avez pas utilisé telle ou telle chose durant l'année écoulée, vous n'en avez probablement plus besoin.
5. Rangez votre espace de travail.
6. Il est indispensable de réserver des espaces au rangement – investissez, si nécessaire, dans des placards supplémentaires.
7. Encouragez vos enfants à ranger leur propre désordre.
8. Pour éviter le désordre sauvage, mettez une boîte à objets trouvés dans votre salon.
9. Débarrassez la vaisselle après un repas au lieu de la laisser traîner jusqu'au lendemain matin.
10. Organisez des rotations afin que chaque membre de la famille ait son rôle à jouer.

Le feng shui

Le feng shui est l'art chinois ancien de l'aménagement des espaces de vie et de travail en vue de les harmoniser avec le flux du *ch'i*, la force vitale universelle (*voir* page 19). Les paysages, les bâtiments et les pièces possèdent leur propre flux de *ch'i* ; le feng shui favorise la circulation du *ch'i* bloqué ou diminué dans un certain espace par modification de son agencement. Un spécialiste du feng shui procédera à une évaluation détaillée de chaque pièce de votre maison et vous suggérera d'opérer certains changements : nouvelle palette de couleurs, déplacement des meubles et des plantes, par exemple. Pour améliorer le feng shui dans votre maison, éliminez le désordre et laissez suffisamment d'espace libre autour des meubles.

Encouragez vos enfants à ranger leur propre désordre et à participer au ménage de la maison.

Le monde environnant

Les personnes qui apprécient la nature sont en général plus heureuses et plus calmes. Aujourd'hui, nombre d'entre nous vivent dans des villes bruyantes, polluées, surpeuplées, où le béton prend le pas sur la verdure, mais il n'est pas indispensable de vivre à la campagne pour profiter de la nature. Promenez-vous dans un parc ou asseyez-vous simplement dans un jardin, détendez-vous et apprenez à aimer ce qui vous entoure.

Le grand air

Pour parvenir à un état de relaxation satisfaisant, il est nécessaire de passer le plus de temps possible au grand air. La lumière joue un rôle essentiel dans la régulation de l'horloge biologique interne qui régit la production d'hormones ainsi que le sommeil. Prenez des vacances à la montagne ou au bord de la mer pour bénéficier au maximum de la lumière et de l'air pur.

Les plantes diffusent de l'oxygène dans l'air ambiant et absorbent l'oxyde de carbone et d'autres toxines.

Les parcs

Une promenade dans un parc vous permettra de vous réconcilier avec la nature. Fréquentez le même parc à différents moments de l'année afin d'apprécier le cycle des saisons. Prenez le temps de voir les couleurs des arbres et des fleurs, et de sentir leurs multiples odeurs. Respirez profondément et inspirez de grandes quantités d'air pur.

Le jardinage

Le jardinage est une activité très relaxante, qui libère le corps de toutes les tensions physiques et diminue ainsi la quantité d'hormones de stress en circulation dans l'organisme, tandis que l'acte même de bêcher apaise l'esprit. Les jardiniers débutants peuvent s'essayer à cultiver des plantes vivaces d'entretien facile (cherchez conseils et inspiration dans des livres de jardinage). Si vous n'avez pas de jardin, garnissez une jardinière.

Augmentez le taux d'oxygène dans votre maison en cultivant quelques plantes en pot.

Ne jamais être perturbé par le temps qu'il fait

Nous laissons trop souvent le temps déterminer notre humeur : bonne humeur les jours de soleil, humeur maussade et introspection les jours de pluie. Accueillez les variations météorologiques de façon positive ; pensez au froid revigorant de la neige, à la pluie qui nourrit les cultures ou aux orages qui nettoient l'atmosphère.

Le temps qui passe

Sans que nous en ayons conscience, notre organisme a une idée naturelle du temps qui passe et de l'heure qu'il est. Demandez-vous le nombre de fois où vous avez vraiment besoin de savoir l'heure qu'il est.

Les saisons

La climatisation et les installations de chauffage modernes ont diminué quelque peu l'impact du changement de saisons, mais si vous vivez en harmonie avec le cycle de la nature, vous apprécierez beaucoup plus la vie.

Le printemps, traditionnellement saison de l'espoir et du renouveau, est le moment de l'année idéal pour repartir à zéro, faire le ménage dans votre vie et donner la priorité au changement. L'été, associé au bonheur et à la lumière, donne une impression d'insouciance et de liberté. L'automne, saison des concrétisations et de l'abondance, est le moment où l'on dresse le bilan des actions accomplies pendant l'année ; l'hiver est une période consacrée au repos et à la réflexion.

Lorsque vous rentrez chez vous après une journée de travail, posez votre montre et libérez-vous du joug de l'heure.

Une bonne nuit de sommeil

Une bonne nuit de sommeil, synonyme de profond repos, est essentielle à notre bien-être physique et émotionnel. Passer du temps à dormir est souvent le meilleur moyen de récupérer après une maladie ou de faire face à une situation stressante. Durant le sommeil, notre organisme se régénère et notre esprit peut résoudre les problèmes en souffrance par l'intermédiaire des rêves.

Qu'est-ce que le sommeil ?

Le sommeil est un état naturel d'inconscience dans lequel l'activité électrique du cerveau est plus rythmique qu'à l'état d'éveil et réagit moins aux stimuli externes. Le sommeil se partage en deux états fondamentaux : le sommeil profond, durant lequel le corps se ressource, ponctué d'épisodes de sommeil paradoxal (lors duquel les mouvements des globes oculaires sont visibles sous les paupières closes) qui voient se dérouler l'essentiel de l'activité du rêve.

Prenez l'habitude de vous relaxer avant l'heure du coucher afin de vous préparer une bonne nuit de sommeil.

La durée du sommeil

La quantité de sommeil nécessaire pour être entièrement reposé varie selon les individus et décroît avec l'âge. La majorité des adultes se contentent de sept ou huit heures de sommeil ; pourtant, certains experts déclarent qu'il nous en faut plus. Les personnes âgées se satisfont de cinq à six heures par nuit.

Les troubles du sommeil

Le sommeil est le premier à pâtir du stress. Le manque de sommeil, qui nous rend nerveux et irritables, est lui-même facteur de stress. Il est facile de se laisser enfermer dans le cycle infernal de l'insomnie, et très difficile d'en sortir. Il existe plusieurs formes d'insomnie dont l'impossibilité à s'endormir, les réveils fréquents et les réveils trop précoces le matin.

Les activateurs du sommeil

- Ne vous couchez pas l'estomac vide mais évitez un repas trop copieux avant d'aller au lit.
- Bananes, boissons lactées et biscuits complets sont des aliments aux vertus apaisantes qu'il est conseillé de manger avant d'aller au lit.
- Caféine, alcool et nicotine perturbent le sommeil. Buvez une tasse de tisane avant de vous coucher ; la camomille, par exemple, se révèle particulièrement efficace.
- L'exercice physique chasse les hormones de stress accumulées dans l'organisme ; il est cependant à éviter (sauf l'activité sexuelle) trois heures au moins avant l'heure du coucher.

Buvez une boisson chaude aux propriétés apaisantes avant de vous coucher.

De bonnes habitudes

- Arrêtez de travailler au moins une heure avant d'aller au lit pour ralentir votre activité mentale.
- Un bain chaud en soirée relaxe les muscles et repose l'organisme.
- Couchez-vous à la même heure chaque soir et levez-vous également à la même heure.
- Votre chambre doit être un endroit pour dormir et non une extension de votre bureau ou de votre salon ; son atmosphère doit être chaude et paisible.
- Si vous ne réussissez vraiment pas à vous endormir, levez-vous et allez dans une autre pièce lire un livre ou regarder la télévision en attendant la venue du sommeil.

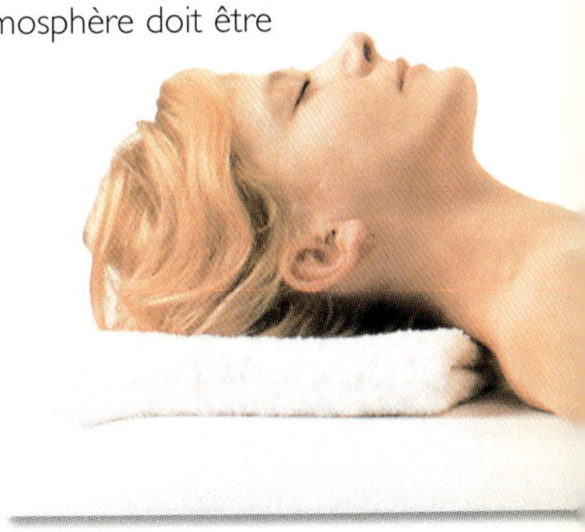

L'importance des rêves

Nous rêvons tous même si nous ne nous en souvenons pas toujours au réveil. Le rêve est considéré comme une soupape de sécurité psychologique qui nous permet de comprendre nos problèmes, nos émotions et nos anxiétés afin de repartir frais et dispos pour une nouvelle journée.

Remèdes naturels pour se relaxer

Les remèdes naturels sont très efficaces pour diminuer les effets du stress et restaurer un équilibre entre le corps et l'esprit. Utilisés dans le monde entier depuis des milliers d'années, ils offrent un moyen agréable d'améliorer notre bien-être.

L'aromathérapie

Les huiles essentielles issues de la distillation des plantes, des fleurs et des résines possèdent des vertus thérapeutiques et relaxantes. L'odorat est directement lié aux souvenirs et à l'humeur (*voir* page 29). Les huiles essentielles sont des antidépresseurs reconnus ; tonifiantes, elles soulagent la douleur et les tensions, soignent les maux de tête et garantissent un sommeil de qualité. Les huiles essentielles sont inhalées, utilisées sur des compresses pour soulager la douleur, ajoutées à l'eau du bain ou à une huile de massage pour décontracter, ou encore vaporisées dans l'air ambiant par un diffuseur.

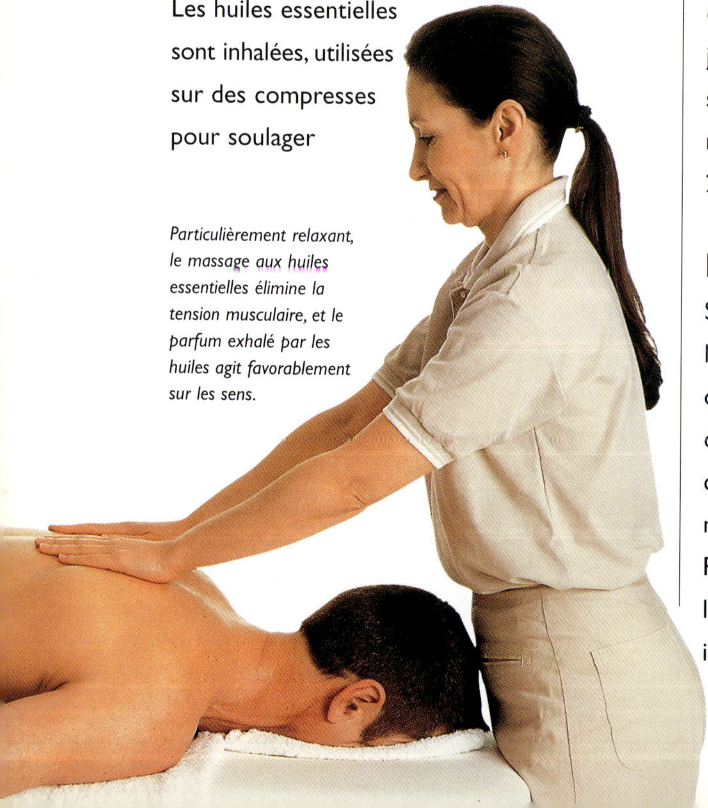

Particulièrement relaxant, le massage aux huiles essentielles élimine la tension musculaire, et le parfum exhalé par les huiles agit favorablement sur les sens.

Les massages

Un massage aux huiles essentielles combine les vertus des huiles aux bienfaits du toucher. Diluez dans une huile de massage quelques gouttes de deux ou trois huiles essentielles différentes – huile d'amande douce, noyau d'abricot… – et ajoutez un peu d'huile de jojoba, excellente pour hydrater les peaux très sèches. Pour un massage complet du corps, mélangez six gouttes d'huile essentielle à 15 à 20 ml (4 cuillerées à café) d'huile de massage.

Les bains

Si elles sont garanties non irritantes, ajoutez à l'eau du bain des huiles essentielles pures telles que camomille romaine ou lavande. Sinon, diluez-les dans une huile de massage. Ajoutez cinq gouttes puis remuez énergiquement avec la main pour bien mélanger l'huile à l'eau. Partiellement inhalées et absorbées par la peau, les huiles ajoutées au bain produisent un effet immédiat sur notre bien-être physique.

Dix huiles essentielles relaxantes

Bergamote (*Citrus bergamia*) : apaisante, réconfortante, excellente pour éliminer les tensions et soigner la dépression.

Camomille (*Chamaemelum nobile*) : calmante, recommandée pour traiter l'insomnie.

Jasmin (*Jasminum officinale*) : stimulante ou sédative selon l'usage, excellent antidépresseur et aphrodisiaque.

Genièvre (*Juniperus communis*) : combat la fatigue et stimule l'estime de soi.

Lavande (*Lavandula angustifolia*) : huile aux multiples vertus – relaxante, antidépressive et analgésique.

Mélisse (*Melissa officinalis*) : utilisée depuis longtemps pour chasser la mélancolie ; équilibre les émotions.

Romarin (*Rosmarinus officinalis*) : régénérante et stimulante.

Bois de santal (*Santalum album*) : antidépresseur et aphrodisiaque.

Vétiver (*Vetiveria zizanioides*) : équilibre le système nerveux, soigne l'insomnie.

Ylang-ylang (*Cananga odorata*) : calmante, aphrodisiaque, soulage les crises d'angoisse.

Mise en garde

- Diluez toujours les huiles avant usage (les huiles essentielles de lavande et de *leptospermum* sont les seules qui peuvent être appliquées pures sur la peau en cas de brûlure ou de coup de soleil).
- Certaines huiles sont déconseillées aux femmes enceintes et beaucoup aux jeunes enfants, renseignez-vous.
- Si vous souffrez d'une maladie chronique (diabète, maladie cardiovasculaire, hypertension), consultez un professionnel avant d'utiliser des huiles essentielles.
- Certaines huiles réagissent mal au soleil.
- Ne faites pas d'inhalations si vous souffrez d'une affection respiratoire comme l'asthme.
- N'ingérez pas d'huiles essentielles sauf sur recommandation d'un thérapeute.

La diffusion des senteurs

Pour bénéficier des arômes des huiles essentielles qui s'exhalent avec la vapeur, la meilleure solution consiste à en ajouter quelques gouttes dans une soucoupe d'eau posée sur un radiateur ou dans un brûle-parfum.

Certaines huiles améliorent l'humeur et la concentration ; d'autres sont profondément relaxantes.

La phytothérapie

Les remèdes à base de plantes servent à traiter certaines maladies et à renforcer les défenses de l'organisme. De nombreux médicaments synthétiques, dont l'aspirine, sont dérivés des plantes, mais la phytothérapie utilise la plante entière : le mélange complexe des composants créerait une synergie plus efficace que des composants isolés.

Les remèdes à base de plantes

Les plantes sont souvent consommées sous forme d'infusions, de teintures-mères et de décoctions. Elles entrent dans la fabrication de pommades, huiles de massage et crèmes. Vous trouverez des préparations prêtes à l'emploi dans les magasins de diététique et les herboristeries.

Les décoctions

On fait bouillir dans l'eau les parties dures des plantes, comme les racines et l'écorce, pour en extraire les principes actifs. Le liquide est filtré puis consommé chaud ou froid. Pour obtenir un sirop, faites réduire le liquide par ébullition et ajoutez du sucre.

Les remèdes à base de plantes sont une excellente solution pour apaiser les tensions dues à la vie moderne. Ne dépassez pas la dose prescrite.

Les infusions

Une infusion est une tisane. Les plantes, placées dans une théière et recouvertes d'eau bouillante, infusent une dizaine de minutes. Le liquide est ensuite filtré au tamis fin et bu chaud ou froid. Une infusion se conserve 24 heures au plus au réfrigérateur et se réchauffe sans problèmes.

Les teintures-mères

Les teintures-mères sont obtenues par macération des plantes dans un mélange d'eau et d'alcool. L'alcool agit comme un conservateur (le mélange se conserve jusqu'à deux ans) et permet d'extraire les composants médicinaux de la plante.

Mise en garde

- Si vous souffrez d'une maladie chronique – affection cardiovasculaire, diabète ou hypertension) – ou si vous êtes enceinte, demandez un avis médical avant de prendre un remède à base de plantes.
- Si vous suivez un traitement médicamenteux, consultez un phytothérapeute ou un herboriste qualifié.

Plantes aux propriétés relaxantes

Camomille (*Chamaemelum nobile*) : induit un état de relaxation et facilite la digestion.

Fleur de tilleul (*Tilia cordata*) : relaxante, diminue l'anxiété et la nervosité.

Ginkgo (*Ginkgo biloba*) : améliore le flux sanguin et l'activité des neurotransmetteurs dans le cerveau ; soigne les acouphènes.

Lavande (*Lavandula angustifolia*) : améliore l'humeur, soulage l'indigestion et les maux de tête.

Millepertuis (*Hypericum perforatum*) : antidépresseur sans effets secondaires.

Rudbeckia (*Echinacea purpurea*): renforce le système immunitaire.

Scutellaire (*Scutellaria lateriflora*) : tonique nerveux, calmant, diminue l'anxiété et la nervosité.

Verveine (*Verbena officinalis*) : tonique nerveux, sédatif, excellente pour traiter l'insomnie et la dépression ainsi que pour soulager les tensions.

Élixirs floraux

Les essences florales, obtenues par infusion des fleurs dans l'eau puis par conservation dans l'eau-de-vie du liquide récupéré après filtrage, ont été développées dans les années 1920-1930 par un médecin homéopathe anglais, Edward Bach, auteur de *Guéris-toi toi-même*. Il pensait que les fleurs possédaient des propriétés curatives susceptibles de traiter les affections émotionnelles. D'après sa théorie, les émotions nocives étaient la principale cause des maladies. C'est ainsi qu'il identifia 7 états d'esprit – la peur, l'incertitude, le manque d'intérêt pour le moment présent, la solitude, l'hypersensibilité, la dépendance et le souci excessif du bien-être des autres – qu'il subdivisa en 38 sentiments négatifs, chacun associé à une plante spécifique. Les élixirs floraux de Bach visent à restaurer l'harmonie de l'esprit et du corps nécessaire à une bonne santé. Ils ont prouvé leur efficacité sans que, pour autant, personne ne connaisse vraiment leur modalité d'action. Leur effet n'est pas biochimique mais les thérapeutes pensent que ces remèdes renferment l'énergie, ou l'empreinte de la plante, et fournissent un stimulus qui déclenche notre mécanisme de guérison.

Glossaire

Acides aminés
Composés organiques des protéines. Le corps ne peut pas fabriquer les acides aminés essentiels ; ceux-ci doivent être prélevés dans les aliments.

Adrénaline
Hormone qui prépare l'organisme à la réaction de « combat/fuite ». Sécrétée par la glande surrénale, elle a une grande influence sur les muscles, la circulation et le métabolisme basal.

Appareil cardiovasculaire
Le cœur et les vaisseaux sanguins.

Ch'i
La « force vitale » universelle de la médecine traditionnelle chinoise (également connue sous le nom de *ki)* ; comparable à la *prana* dans la médecine ayurvédique.

Cholestérol
Substance de type graisse présente dans le sang et la plupart des tissus ; un taux important de cholestérol risque d'endommager les parois des vaisseaux sanguins et d'entraîner un rétrécissement des artères. Un taux excessif de cholestérol peut provoquer des troubles cardiaques.

Endorphine
Analgésique produit par l'organisme.

Excitant
Substance produisant un effet dynamisant sur l'esprit ou le corps. Parmi les excitants les plus connus on trouve la nicotine, l'alcool, le sucre, le café, le thé et le chocolat.

Hormone
Substance transportée dans le flux sanguin ; elle est élaborée dans une partie du corps et exerce une action spécifique sur un autre tissu ou organe en modifiant sa structure ou sa fonction.

Hyperventilation
Respiration à un rythme anormalement rapide susceptible d'entraîner une perte de conscience consécutive à une baisse importante de l'acidité sanguine.

Métabolisme
Processus chimique qui s'accomplit dans l'organisme, responsable de la croissance et du fonctionnement de tous les systèmes corporels.

Neurotransmetteur
Substance chimique émise par les terminaisons nerveuses et servant à transmettre les impulsions entre les nerfs, les muscles et les glandes.

Protéines
Constituants essentiels de l'organisme qui forment sa matière structurelle et, comme les enzymes et les hormones, régulent les fonctions corporelles.

Sérotonine
Neurotransmetteur médiateur de l'activité du système nerveux central dont le taux influe sur l'humeur.

Système immunitaire
Organes responsables de l'immunité ayant la propriété de résister aux infections.

Système nerveux autonome
Partie du système nerveux responsable des fonctions corporelles automatiques comme la respiration, la transpiration, la salivation, la digestion et le rythme cardiaque. La division sympathique active la réaction d'alarme de l'organisme et prépare à l'action ; la division parasympathique s'occupe de la régénération et de la conservation des ressources de l'organisme.

Système nerveux central
Vaste réseau de cellules (encéphale et moelle épinière) qui transporte les informations sous la forme d'impulsions électriques de et vers toutes les parties du corps pour déclencher l'activité corporelle.

Adresses utiles

Alexander Technique International (ATI)
10, rue Froidevaux
75014 Paris
http://www.alexandertechnique.be

Aromathérapie
Association de défense et d'information des utilisateurs de médecines douces (Adimed)
2, rue d'Isly
75008 Paris

Hypnothérapie
Institut français d'hypnose
82 rue Marcadet
75018 Paris
http://www.hypnose.fr

Massage
Fédération française des masseurs kinésithérapeutes rééducateurs
24, rue des Petits-Hôtels
75010 Paris
http://www.ffmkr.org

Méditation
Fédération française de yoga
11, passage Saint-Pierre-Amelot
75011 Paris
http://www.yoga-paris.com

Nutrition
Société scientifique d'hygiène alimentaire (SSHA)
16, rue de l'Fstrapade
75005 Paris
http://www.rennes.inra.fr/nutrition/UFNA/ssha402.htm

Association des diététiciens de langue française
http://www.rennes.inra.fr/nutrition/UFNA/adlf402.htm

Comité français d'éducation pour la santé
118 comités départementaux et régionaux
http://www.rennes.inra.fr/nutrition/UFNA/cfes402.htm

Phytothérapie

Fédération médicale française de médecine naturelle
Faculté de médecine de Bobigny
74, rue Marcel-Cachin, salle 232
93017 Bobigny cedex
http://www.upml.fr/glem/associat/fmfmn.htm

Relaxation et respiration

Institut de relaxation thérapeutique
8, boulevard Auguste-Blanqui
75013 Paris
http://institut.relaxation.free.fr

Réflexologie

Fédération française des réfloxologues
75, rue de Lourmel
75015 Paris

Tai-chi

Fédération de tai-chi chuan et qi cong
17, rue du Louvre
75001 Paris
Fédération des tai-chi chuan traditionnels
78, rue de Rennes
75006 Paris

Training autogène

Intergroupe de formation et d'études
en relaxation thérapeutique (IFERT)
Hôpital Necker
Service de psychiatrie adulte et psychologie médicale
149, rue de Sèvres
75015 Paris
http://relaxpsy.free.fr/formation.htm

Visualisation

Fédération française de psychothérapie
2 *bis*, rue Scheffer
75116 Paris
http://www.psychotherapie.asso.fr

Yoga

Fédération française de yoga
11, passage Saint-Pierre-Amelot
75011 Paris
http://www.yoga-paris.com

Index